문해력이다

1단계

초등 1 ~ 2학년 권장

교 재 내 용 문 의	교재 내용 문의는 EBS 초등사이트 (primary.ebs.co.kr)의 교재 Q&A 서비스를 활용하시기 바랍니다.	교 재 정 오 표 공 지	발행 이후 발견된 정오 사항을 EBS 초등사이트 정오표 코너에서 알려 드립니다. 교재 검색 → 교재 선택 → 정오표	교 재 정 정 신 청	공지된 정오 내용 외에 발견된 정오 사항이 있다면 EBS 초등사이트를 통해 알려 주세요. 교재 검색 → 교재 선택 → 교재 Q&A

배경지식이
문해력이다

1단계

초등 1 ~ 2학년 권장

교과서를 혼자 읽지 못하는 우리 아이?
평생을 살아가는 힘, '문해력'을 키워 주세요!

'배경지식이 문해력이다'

배경지식 학습으로 문해력 키우기

1 교과서 개념 학습의 배경지식이 되는 내용으로
문해력을 키울 수 있습니다.

어려운 뜻의 개념어를 학습자의 눈높이에 맞게 이해하기 쉽게 풀어서 설명하였습니다.

2 학년별&교과별 성취 수준에 맞는
개념어로 구성하였습니다.

각 학년 주요 교과와 생활 중심의 안전 학습을 강조한 성취 기준을 바탕으로 한
개념어 학습이 가능합니다.

3 하나의 개념어를 중심으로
개념을 확장하며 학습할 수 있습니다.

개념어 중심의 학습 내용에서 한 발짝 더 나아간 개념 설명을 제시하여 배경지식을 폭넓게
확장할 수 있습니다.

4 학습 내용을 시각화한 그림과 확인 문제를 통해
배경지식을 체계적으로 익힐 수 있습니다.

개념어와 관련된 학습 내용을 재미있는 그림으로 구성하였습니다.
여러 가지 유형의 확인 문제로 배경지식을 제대로 학습하였는지 확인할 수 있습니다.

5 학습 내용과 함께 인성 동화를 제시하여
인성적인 측면을 강조하였습니다.

9가지 인성 덕목인 효, 예절, 정직, 책임, 존중, 배려, 협동, 소통, 용기를 주제로 한 동화를 구성하여
인성 발달에 도움이 되도록 하였습니다.

EBS 〈당신의 문해력〉 교재 시리즈는 약속합니다.

교과서를 잘 읽고 더 나아가 많은 책과 온갖 글을 읽는 능력을 갖출 수 있도록
문해력을 이루는 **핵심 분야별, 학습 단계별** 교재를 준비하였습니다.
한 권 **5회×4주 학습**으로
아이의 공부하는 힘, 평생을 살아가는 힘을 EBS와 함께 키울 수 있습니다.

어휘가 문해력이다

어휘 실력이 교과서를 읽고 이해할 수 있는지를 결정하는 척도입니다.
〈어휘가 문해력이다〉는 교과서 진도를 나가기 전에 꼭 예습해야 하는 교재입니다.
20일이면 한 학기 교과서 필수 어휘를 완성할 수 있습니다.
국어, 수학, 사회, 과학 교과서 수록 필수 어휘들을 교과서 진도에 맞춰
날짜별, 과목별로 공부하세요.

쓰기가 문해력이다

쓰기는 자기 생각을 표현하는 미래 역량입니다.
서술형, 논술형 평가의 비중은 점점 커지고 있습니다.
객관식과 단답형만으로는 아이들의 생각과 미래를 살펴볼 수 없기 때문입니다.
막막한 쓰기 공부. 이제 단어와 문장부터 하나씩 써 보며 차근차근 학습하는
〈쓰기가 문해력이다〉와 함께 쓰기 지구력을 키워 보세요.

ERI 독해가 문해력이다

독해를 잘하려면 체계적이고 객관적인 단계별 공부가 필수입니다.
기계적으로 읽고 문제만 푸는 독해 학습은 체격만 키우고 체력은 미달인 아이를 만듭니다.
〈ERI 독해가 문해력이다〉는 특허받은 독해 지수 산출 프로그램을 적용하여 글의 난이도를
체계화하였습니다.
단어 · 문장 · 배경지식 수준에 따라 설계된 단계별 독해 학습을 시작하세요.

배경지식이 문해력이다

배경지식은 문해력의 중요한 뿌리입니다.
하루 두 장, 교과서의 핵심 개념을 글과 재미있는 삽화로 익히고 한눈에 정리할 수 있습니다.
시간이 부족하여 다양한 책을 읽지 못하더라도 교과서의 중요 지식만큼은 놓치지 않도록
〈배경지식이 문해력이다〉로 학습하세요.

디지털독해가 문해력이다

디지털독해력은 다양한 디지털 매체 속 정보를 읽어내는 힘입니다.
아이들이 접하는 디지털 매체는 매일 수많은 정보를 만들어 내기 때문에
디지털 매체의 정보를 판단하는 문해력은 현대 사회의 필수 능력입니다.
〈디지털독해가 문해력이다〉로 교과서 내용을 중심으로 디지털 매체 속 정보를 확인하고
다양한 과제를 해결해 보세요.

교재의 구성과 특징

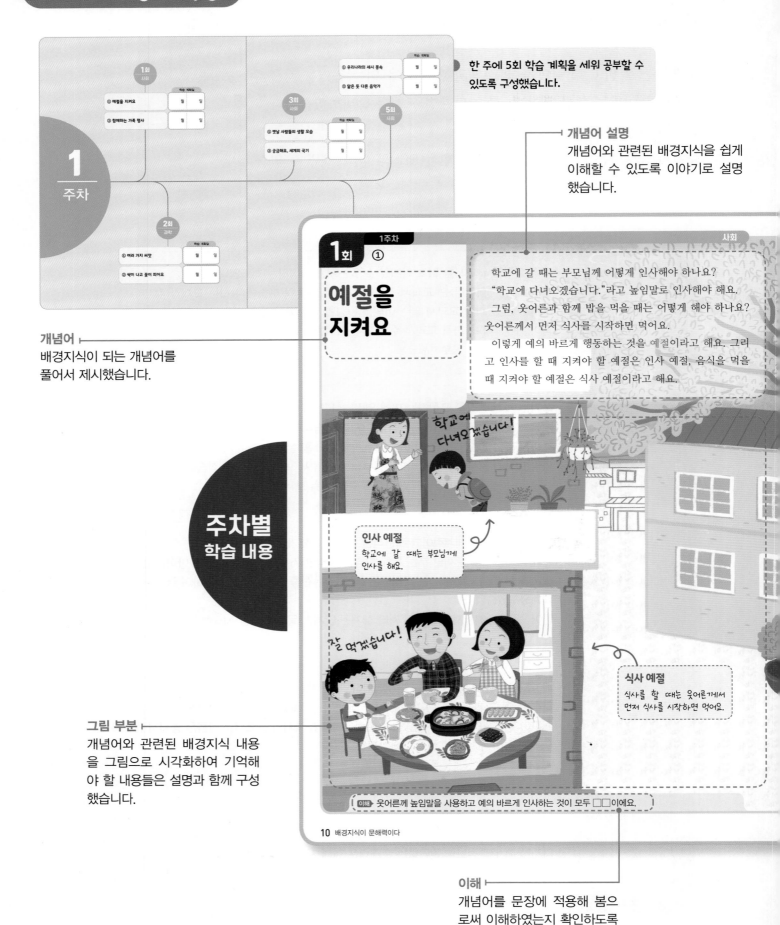

한 주에 5회 학습 계획을 세워 공부할 수 있도록 구성했습니다.

개념어 설명
개념어와 관련된 배경지식을 쉽게 이해할 수 있도록 이야기로 설명했습니다.

개념어
배경지식이 되는 개념어를 풀어서 제시했습니다.

주차별 학습 내용

그림 부분
개념어와 관련된 배경지식 내용을 그림으로 시각화하여 기억해야 할 내용들은 설명과 함께 구성했습니다.

이해
개념어를 문장에 적용해 봄으로써 이해하였는지 확인하도록 구성했습니다.

▶ 정답과 해설 3쪽

개념어 학습
개념어 학습과 보충 학습으로 배경지식을
확장할 수 있게 구성했습니다.

문제
간단한 유형의 학습 내용
관련 문제를 제시했습니다.

인사 예절을 지키는 방법
상대방의 눈을 보며 밝은 표정으로 인사를 해요. 특히
웃어른께는 높임말을 써요.

안녕하세요!

식사 예절을 지키는 방법

음식을 입에 넣은 채
말하지 않아요.

음식을 먹을 때는
"쩝쩝."같이 먹는 소리
를 내지 않아요.

집이나 음식점에서 식
사를 할 때는 음식을 먹
으면서 돌아다니지 않
아요.

◉ 다음 설명에 알맞은 말을 쓰세요.

다른 사람에게 예의 바르게 행동하는 것을
말한다.

◉ 알맞은 말에 ○표를 하세요.

웃어른께 인사를 할 때는 (높임말 . 줄임말)을
쓴다.

◉ 식사 예절을 지키는 방법에 ○표를 하세요.

음식을 입에 넣고 말하면서 먹는다.

음식점에서 식사를 할 때는 음식을
먹으면서 돌아다니지 않는다.

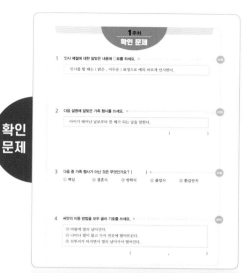

확인 문제
한 주 동안 학습한 내용을 다양한 문제
유형으로 확인할 수 있도록 구성했습니다.

정리 학습
한 주의 학습 내용을 빈칸 학습을 통해
정리할 수 있도록 구성했습니다.

인성 동화
9가지 인성 덕목(효, 예절, 정직, 책임,
존중, 배려, 협동, 소통, 용기)을 담아 생
활 속 이야기로 구성했습니다.

차례

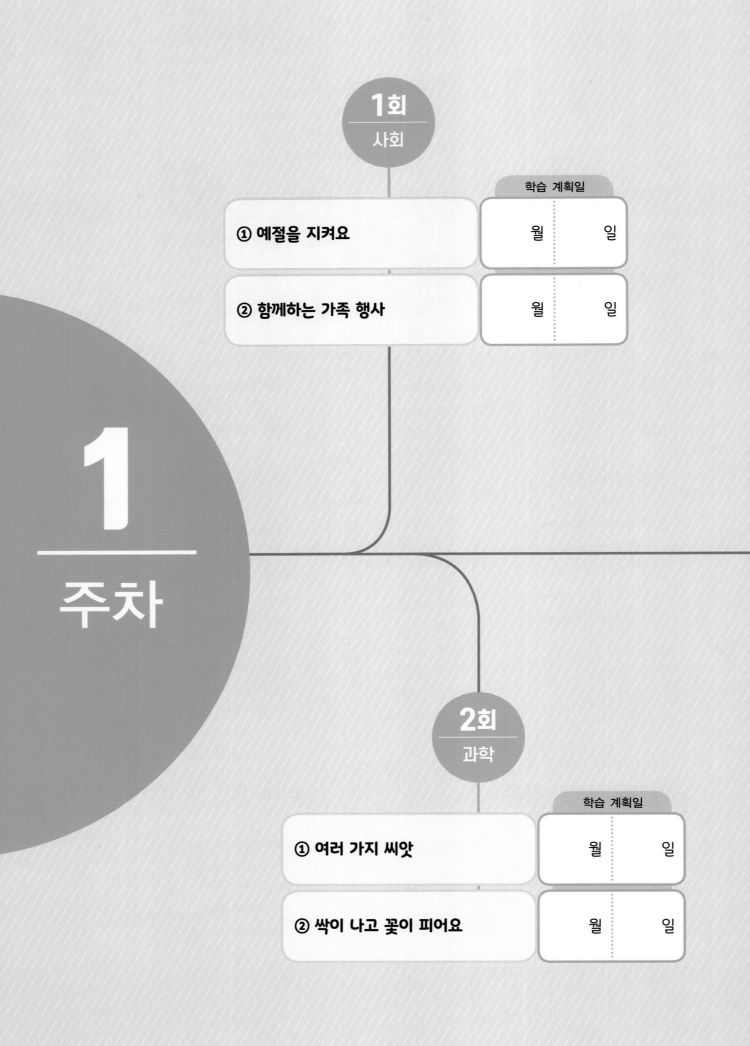

1회 사회

① 예절을 지켜요   학습 계획일   월   일

② 함께하는 가족 행사   월   일

1 주차

2회 과학

① 여러 가지 씨앗   학습 계획일   월   일

② 싹이 나고 꽃이 피어요   월   일

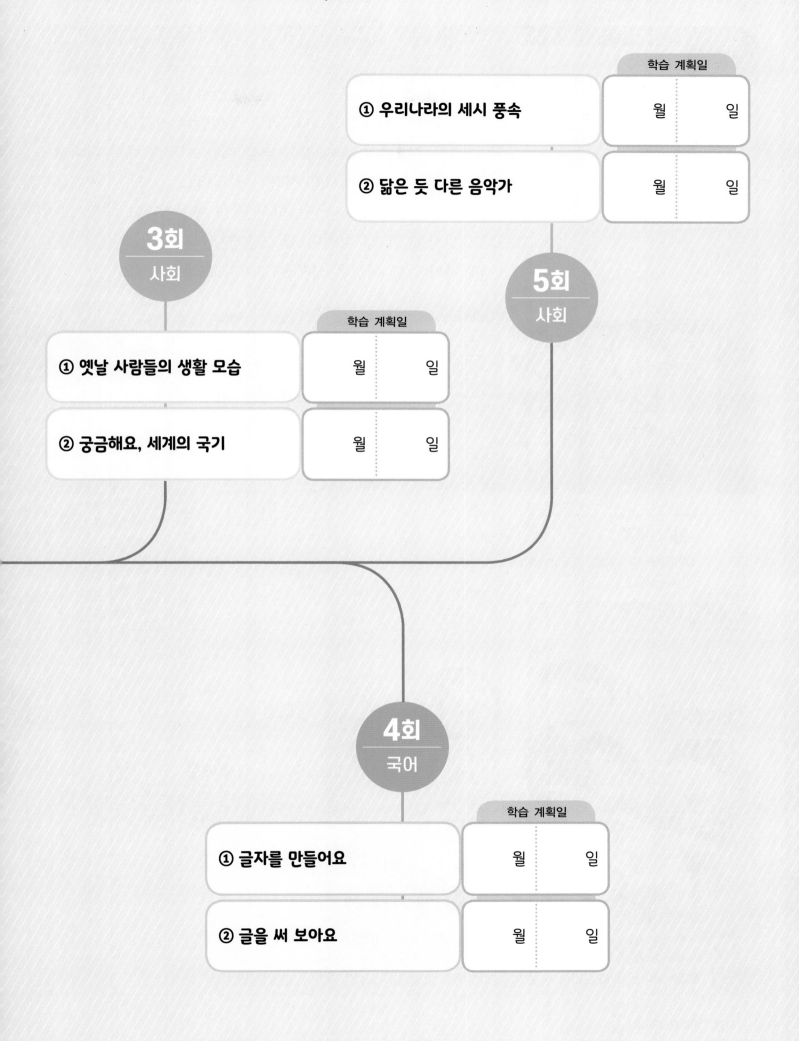

① 우리나라의 세시 풍속

월 일

② 닮은 듯 다른 음악가

월 일

3회
사회

① 옛날 사람들의 생활 모습

월 일

② 궁금해요, 세계의 국기

월 일

5회
사회

4회
국어

① 글자를 만들어요

월 일

② 글을 써 보아요

월 일

1회 ①

예절을
지켜요

학교에 갈 때는 부모님께 어떻게 인사해야 하나요?
"학교에 다녀오겠습니다."라고 높임말로 인사해야 해요.
그럼, 웃어른과 함께 밥을 먹을 때는 어떻게 해야 하나요?
웃어른께서 먼저 식사를 시작하면 먹어요.
이렇게 예의 바르게 행동하는 것을 예절이라고 해요. 그리
고 인사를 할 때 지켜야 할 예절은 인사 예절, 음식을 먹을
때 지켜야 할 예절은 식사 예절이라고 해요.

인사 예절
학교에 갈 때는 부모님께
인사를 해요.

식사 예절
식사를 할 때는 웃어른께서
먼저 식사를 시작하면 먹어요.

이해 ▶ 웃어른께 높임말을 사용하고 예의 바르게 인사하는 것이 모두 □□이에요.

인사 예절을 지키는 방법

상대방의 눈을 보며 밝은 표정으로 인사를 해요. 특히 웃어른께는 높임말을 써요.

안녕하세요!

식사 예절을 지키는 방법

음식을 입에 넣은 채 말하지 않아요.

음식을 먹을 때는 "쩝쩝."같이 먹는 소리를 내지 않아요.

집이나 음식점에서 식사를 할 때는 음식을 먹으면서 돌아다니지 않아요.

◉ 다음 설명에 알맞은 말을 쓰세요.

> 다른 사람에게 예의 바르게 행동하는 것을 말한다.

☐ ☐

◉ 알맞은 말에 ○표를 하세요.

> 웃어른께 인사를 할 때는 (높임말 , 줄임말)을 쓴다.

◉ 식사 예절을 지키는 방법에 ○표를 하세요.

음식을 입에 넣고 말하면서 먹는다.	☐

음식점에서 식사를 할 때는 음식을 먹으면서 돌아다니지 않는다.	☐

함께하는 가족 행사

오늘은 내 생일이에요. 가족들과 함께 생일 케이크도 먹고 할머니께서 만들어 주신 맛있는 떡도 먹었어요. 음식을 다 먹고 나서 가족 사진을 함께 보았어요.

엄마, 아빠의 멋진 결혼식 사진, 꼬마였던 나의 유치원 입학식 사진, 지금은 중학생인 오빠의 초등학교 졸업식 사진도 있었어요. 사진을 보니 즐거웠던 가족 행사가 떠올랐어요.

입학식
유치원이나 학교의 학생이 되기로 약속하는 행사예요.

생일
세상에 태어난 날이에요.

결혼식
두 사람이 부부가 되기로 약속하는 행사예요.

졸업식
유치원이나 학교에서 배우는 과정을 마친 것을 축하하는 행사예요.

이해 생일, 결혼식, 입학식, 졸업식 등은 모두 □□ □□예요.

많은 친척이 모이는 가족 행사

백일

아이가 태어난 날로부터 백일째 되는 날이에요.

돌

아이가 태어난 날로부터 한 해가 되는 날이에요.

환갑잔치

61살 생일을 축하하는 잔치예요.

제사

조상에게 음식을 바쳐 정성을 나타내는 행사예요.

◉ 알맞은 말에 ○표를 하세요.

세상에 태어난 날을 (생일 , 백일)이라고 한다.

◉ 가족 행사에 모두 ○표를 하세요.

돌   백일   졸업식

체험 학습   개교기념일

◉ 알맞게 선으로 이으세요.

제사 •

환갑잔치 •

• 61살 생일을 축하하는 잔치.

• 조상에게 음식을 바쳐 정성을 나타내는 행사.

여러 가지 씨앗

도윤이는 봉숭아씨, 나팔꽃씨, 분꽃씨, 옥수수씨를 관찰하고 있어요. 앞으로 싹이 트면 새로운 풀이나 나무로 자랄 수 있는 것을 씨앗이라고 해요. 풀이나 나무는 씨앗을 멀리 퍼뜨리기 위해서 여러 가지 방법을 써요.

씨앗을 바람에 날려 보내기도 하고, 물에 띄워 보내기도 해요. 또 봉숭아처럼 꼬투리가 탁 터질 때 씨앗도 함께 멀리 날려 보내기도 한답니다.

분꽃씨
분꽃의 씨앗. 검은 씨앗 안에는 하얀 가루가 있어요.

봉숭아씨
봉숭아의 씨앗. 작고 둥근 모양이에요.

나팔꽃씨
나팔꽃의 씨앗. 작은 밤알처럼 생겼어요.

옥수수씨
옥수수의 씨앗. 윗부분은 둥글고 양쪽은 모가 나 있어요.

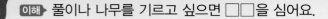
이해 ▶ 풀이나 나무를 기르고 싶으면 ☐☐을 심어요.

씨앗의 이동 방법

봉숭아나 완두콩은 꼬투리가 터지면 씨앗이 멀리 날아가서 떨어져요.

민들레 씨앗은 바람에 멀리 날아가요.

물가에 있는 씨앗은 물에 띄워서 멀리까지 흘려 보내요.

동물이 먹은 열매의 씨앗은 동물의 똥과 함께 나와서 다른 곳으로 옮겨져요.

◉ 다음 설명에 알맞은 말을 쓰세요.

> 앞으로 싹이 트면 새로운 풀이나 나무로 자랄 수 있는 것이다.

☐ ☐

◉ 알맞은 말에 ○표를 하세요.

> (옥수수씨 , 봉숭아씨)는 작고 둥근 모양이고, 꼬투리가 터질 때 멀리 날아가면서 이동한다.

◉ 씨앗의 이동 방법에 모두 ○표를 하세요.

물에 띄워 보낸다.	☐
바람에 멀리 날려 보낸다.	☐
동물의 소리를 이용해서 옮긴다.	☐

싹이 나고 꽃이 피어요

하은이가 마당에 심은 씨앗에서 싹이 나고 꽃이 피었어요.

어린이가 자라면 청소년이 되고, 어른이 되는 것처럼 풀이나 나무도 마찬가지예요. 씨앗을 심으면 싹이 나고, 쑥쑥 자라서 줄기와 잎이 생기고 꽃이 피지요.

하지만 씨앗을 심는다고 해서 무조건 싹이 나고 꽃이 피는 것은 아니에요. 영양분이 많은 흙과 적당한 양의 물과 햇빛이 있어야 해요.

싹
씨앗을 흙에 심으면 땅속에 뿌리를 내리고 흙 위로 싹이 나요.

꽃
싹이 쑥쑥 자라면 줄기와 잎이 생기고 꽃이 피어요.

이해 ▶ 씨앗을 심으면 □이 나고, 쑥쑥 자라면 □이 피어요.

싹과 꽃

싹

씨앗에서 처음 돋아나는 어린잎이나 줄기를 말해요. 씨앗에서 먼저 뿌리가 난 다음, 싹이 나지요.

꽃

풀이나 나무에서 씨앗을 만들어내는 부분이에요. 색깔과 모양이 여러 가지이고, 꽃이 지면 씨앗이 생겨요.

풀이나 나무가 자라기 위해 필요한 것

흙

흙 속에 있는 여러 가지 영양분은 싹이 나고 꽃이 피는 것을 도와주어요.

물

풀이나 나무는 흙 속에 있는 물을 빨아들이면서 자라요. 비가 오지 않을 때는 알맞은 양의 물을 주어야 해요.

햇빛

풀이나 나무는 햇빛을 받아야 영양분을 만들 수 있어요. 이 영양분은 싹이 자라고 꽃이 피는 것을 도와주어요.

◉ 알맞은 말에 ○표를 하세요.

> 씨앗을 흙에 심으면 땅속에 뿌리를 내리고 흙 위로 (싹 , 물)이 난다.

◉ 꽃에 대한 설명에 ○표를 하세요.

씨앗에서 처음 돋아나는 어린잎이나 줄기이다.	
풀이나 나무에서 씨앗을 만들어내는 부분이다.	

◉ 풀이나 나무가 자라기 위해 꼭 필요한 것을 모두 골라 ○표를 하세요.

흙	물	불
	화분	햇빛

3회 ①

옛날 사람들의 생활 모습

가족들과 함께 민속촌에 왔어요. 민속촌에서는 옛날 사람들의 생활 모습을 한눈에 볼 수 있어요.

처음 보는 모습들도 많았어요. 농기구나 바구니를 파는 가게도 있고, 장터 한가운데에서는 씨름을 하고 있었어요. 옛날에 양반들이 타고 다니던 가마도 보이고, 말을 타고 달리는 모습도 보였어요. 또 북 장단에 맞추어 이야기를 하는 판소리 공연도 곳곳에서 열렸네요.

민속촌 장터

가마
옛날에 타던 앞뒤로 사람이 들어서 움직이는 탈것이에요.

판소리
소리꾼이 북치는 고수의 장단에 맞추어 대사와 소리로 이야기를 해 나가는 노래 공연이에요.

씨름
두 사람이 허리나 다리에 묶은 끈을 잡고 상대를 먼저 넘어뜨리면 이기는 경기예요.

이해 ▶ 민속촌에 오니 옛날 사람들의 □□ □□을 볼 수 있어요.

옛날의 여러 가지 생활 모습 //////////////////////

갓

옛날에 어른이 된 남자가 머리에 쓰던 모자예요.

쓰개치마

옛날에 여자들이 외출할 때 쓰던 외출용 옷이에요.

엿

옛날에 간식으로 먹던 단맛이 나는 전통 과자예요.

말 타기

옛날에는 빠르게 이동해야 할 때 말을 타고 달렸어요.

◉ 옛날 사람들의 생활에서 볼 수 있는 것에 모두 ○표를 하세요.

가마	연필	운동화
판소리	자전거	컴퓨터

◉ 다음 설명에 알맞은 말을 쓰세요.

- 소리꾼과 고수가 함께하는 노래 공연이다.
- 소리꾼이 대사와 소리로 이야기를 해 나간다.

☐ ☐ ☐

◉ 알맞은 말에 ○표를 하세요.

옛날에 타던 앞뒤로 사람이 들어서 움직이는 탈것은 (가마 , 마차)이다.

궁금해요, 세계의 국기

한 나라를 대표하는 깃발을 국기라고 해요.

대한민국의 국기인 태극기의 태극 무늬와 4괘는 우주와 하늘과 땅, 물과 불을 나타내고, 일본의 국기인 일장기의 빨간 원은 태양을 나타내요. 중국의 국기인 오성홍기의 별 다섯 개는 중국의 국민들을 뜻해요. 미국의 국기인 성조기에도 별이 있는데 새로운 지역이 생길 때마다 하나씩 늘어나 지금은 50개예요.

태극기
대한민국의 국기. 태극무늬와 4괘가 있어요.

성조기
미국의 국기. 줄 무늬에 50개의 별이 있어요.

오성홍기
중국의 국기. 빨간 바탕에 다섯 개의 별이 있어요.

일장기
일본의 국기. 가운데에 빨간 원이 있어요.

이해 ▶ 태극기, 일장기, 오성홍기, 성조기는 모두 그 나라를 대표하는 □□예요.

또 다른 세계의 국기

영국의 국기, 유니언 잭

'합쳐진 깃발'이란 뜻이에요. 영국의 지역인 잉글랜드, 스코틀랜드, 아일랜드의 국기를 합쳐 만들었어요.

캐나다의 국기

빨간 세로줄은 태평양과 대서양을 뜻해요. 캐나다를 대표하는 단풍나무의 잎이 가운데에 그려져 있어요.

네팔의 국기

2개의 삼각형 모양에 초승달과 태양이 그려진 국기예요. 파랑은 세계, 빨강은 행운을 뜻해요.

터키의 국기, 아이 일디즈

빨강 바탕에 흰색 초승달과 별이 그려진 국기예요. 아이는 '달', 일디즈는 '별'이라는 뜻이에요.

◉ 알맞은 말에 ○표를 하세요.

> 한 나라를 대표하는 깃발을 (국기 , 국화)라고 한다.

◉ 알맞은 설명에 ○표를 하세요.

> 대한민국의 태극기에는 태극무늬와 4괘가 있다.

> 미국의 성조기에는 다섯 개의 별이 그려져 있다.

◉ 알맞게 선으로 이으세요.

| 네팔의 국기 | · | · | 초승달과 별이 그려져 있다. |
| 터키의 국기 | · | · | 2개의 삼각형 모양으로 이루어져 있다. |

글자를 만들어요

"내일 준비물은 줄넘기, 크레파스, 색연필이야."

승재는 준비물이 무엇인지 분명히 들었는데 지금은 기억이 나지 않았어요.

이처럼 말이나 소리는 시간이 지나고 나면 기억이 잘 나지 않아요. 그래서 말이나 소리를 오래 기억하기 위해서 글자가 만들어졌어요. 우리의 글자인 한글은 자음자와 모음자가 만나서 글자가 만들어져요.

받침이 없는 글자
자음자와 모음자가 만나서 만들어져요.

자음자 모음자 자음자

나 무

모음자

자음자 모음자

지 집

자음자

받침이 있는 글자
받침이 없는 글자의 아래쪽에 자음자를 붙이면 받침이 있는 글자가 만들어져요.

이해 ▶ 자음자와 모음자가 만나면 □□가 만들어져요.

글자를 만드는 방법

받침이 없는 글자

자음자는 왼쪽에, 모음자 'ㅏ', 'ㅑ', 'ㅓ', 'ㅕ', 'ㅣ'는 오른쪽에 써요.

자음자는 위쪽에, 모음자 'ㅗ', 'ㅛ', 'ㅜ', 'ㅠ', 'ㅡ'는 아래쪽에 써요.

받침이 있는 글자

받침이 없는 글자의 아래쪽에 자음자를 쓰면 받침이 있는 새로운 글자가 만들어져요.

글자를 쓸 때 주의점

글자를 쓸 때는 글자 전체의 모양을 생각하면서 써야 해요. 자음자와 모음자의 크기가 잘 어울리도록 써야 반듯한 모양의 글자를 쓸 수 있어요.

 ➡ 자음자인 'ㄱ'이 너무 큼.

 ➡ 받침인 'ㄴ'이 너무 큼.

◉ 글자를 만드는 알맞은 방법에 ○표를 하세요.

모음자 'ㅗ', 'ㅛ', 'ㅜ', 'ㅠ', 'ㅡ'는 자음자의 아래쪽에 쓴다.

모음자 'ㅏ', 'ㅑ', 'ㅓ', 'ㅕ', 'ㅣ'는 자음자의 왼쪽에 쓴다.

◉ 알맞은 말에 ○표를 하세요.

받침이 있는 글자는 받침이 없는 글자의 아래쪽에 (자음자 , 모음자)를 써서 만든다.

◉ 받침이 있는 글자에 ○표를 하세요.

티   우   물

글을 써 보아요

"나는 떡을 좋아해요." 민재가 아무리 말씀드려도 할머니께서 자꾸 잊어버리셨어요. 민재는 할머니께서 잘 기억하시도록 자신이 좋아하는 음식을 글로 써서 드려야겠다고 생각했어요. 글은 말하려는 내용을 글자로 나타낸 것이에요. 낱말이 모여서 문장이 되고, 문장이 모여서 문단이 되어요. 그리고 문단이 모이면 하나의 글이 되지요. 하나의 글이 만들어지려면 낱말, 문장, 문단의 과정을 거쳐야 해요.

떡 — **낱말**

나는 떡을 좋아해요. — **문장**

나는 떡을 좋아해요. 하얀 백설기도 좋아하고, 깨나 팥이 들어 있는 송편도 좋아해요. — **문단**

나는 떡을 좋아해요. 하얀 백설기도 좋아하고, 깨나 팥이 들어 있는 송편도 좋아해요.

나는 케이크도 좋아해요. 당근 케이크와 딸기 케이크가 가장 맛있어요. — **글**

낱말이 모여서 문장이 되고, 문장이 모여서 문단이 되지.

여러 문단이 모이면 하나의 글이 완성돼.

이해 ▶ 낱말과 문장, 문단의 과정을 거치면 하나의 □을 쓸 수 있어요.

글을 이루는 단위

낱말

뜻을 가진 말의 덩어리예요. '연필', '모자', '친구'는 모두 낱말이에요.

문장

낱말들이 모여서 말하고 싶은 것을 하나로 나타낸 것이에요. '나는 과자를 먹어요.'는 문장이지만 '과자, 나, 먹다'는 낱말을 모아둔 것이에요.

문단

여러 개의 문장이 모여서 하나의 중심 생각을 나타낸 것이에요.

글

문단이 모여서 하나의 중심 생각을 나타낸 것이에요. 이때 한 개의 문단도 글이 될 수 있어요.

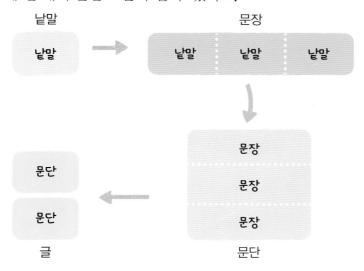

글을 잘 쓰는 방법

중심 생각이 잘 드러나게 써요.

글쓴이의 생각이나 느낌이 잘 드러나도록 중심 내용을 써야 해요.

말하려는 내용을 짧고 분명하게 써요.

말하려는 중심 내용을 짧고 분명하게 쓰면 글을 더 이해하기 쉬워요.

◉ 알맞은 말을 골라 ○표를 하세요.

> 문단이 모이면 하나의 (글, 문장)이 된다.

◉ 다음 설명에 알맞은 말을 쓰세요.

> '연필', '모자'처럼 뜻을 가진 말의 덩어리이다.

☐ ☐

◉ 글을 잘 쓰는 방법에 ○표를 하세요.

중심 생각이 잘 드러나게 쓴다.	☐
무조건 내용을 길게 쓴다.	☐

우리나라의 세시 풍속

옛날부터 해마다 일정한 때가 되면 되풀이하는 일이나 놀이, 음식 등이 있어요. 설, 추석, 한식에는 조상들의 산소를 돌보기 위해 성묘를 가고, 설날에는 가족들이 모여 세배를 하고 윷놀이를 해요. 추석에는 송편이나 토란국을 먹고, 동지에는 팥죽을 먹어요. 이렇게 성묘, 윷놀이나 송편, 팥죽처럼 해마다 일정한 때에 되풀이하는 여러 가지 생활 모습을 세시 풍속이라고 해요.

세배

설날에 웃어른께 절을 하며 인사를 하는 것이에요.

윷놀이

4개의 윷가락을 던지며 노는 놀이로, 주로 설날에 해요.

이해 ▶ 세배와 윷놀이는 옛날부터 해마다 되풀이하는 우리나라의 □□ □□이에요.

세시 풍속 음식

설날에 먹는 떡국

떡을 넣어 만든 국으로, 새해에도 복을 받고, 건강하게 오래 살기를 바라는 마음이 담겨 있어요.

추석에 먹는 송편

팥, 깨 등을 넣고 반달 모양으로 만든 떡으로, 주로 추석에 먹어요.

동지에 먹는 팥죽

팥으로 만든 죽으로, 팥의 붉은색이 나쁜 기운을 몰아내기를 바라는 마음이 담겨 있어요.

정월 대보름에 먹는 오곡밥

다섯 가지 곡식을 넣어 지은 밥으로, 그 해의 곡식 농사가 잘 되기를 바라는 마음이 담겨 있어요.

◉ 알맞은 말에 ◯표를 하세요.

옛날부터 해마다 일정한 때가 되면 되풀이하는 일이나 놀이, 음식 등의 여러 가지 풍습을 (세시 풍속 , 전통 놀이)(이)라고 한다.

◉ 세시 풍속에 모두 ◯표를 하세요.

세배 하기	윷놀이하기
성묘 가기	이웃집 가기

◉ 알맞게 선으로 이으세요.

팥죽	•	•	동지
오곡밥	•	•	정월 대보름

닮은 듯 다른 음악가

음악의 아버지! 음악의 어머니!

누구인지 아나요? 바로 바흐와 헨델이에요. 두 사람이 음악의 기초를 닦아 놓았기 때문에 아버지, 어머니라고 부른대요. 음악의 아버지인 바흐와 음악의 어머니인 헨델은 비슷한 점이 많아요. 나이가 같고, 같은 나라인 독일에서 태어났어요. 그리고 많은 곡을 만들었다는 점도 같아요. 하지만 다른 점도 많아요. 어떤 점이 다른지 알아볼까요?

바흐
음악의 아버지로 불려요. 조용하고 잔잔한 느낌의 교회 음악을 주로 만들었어요.

헨델
음악의 어머니로 불려요. 밝은 느낌의 무대 음악을 주로 만들었어요.

이해 ▶ 바흐와 헨델은 모두 많은 곡을 만든 □□□예요.

바흐와 헨델의 다른 점

요한 제바스티안 바흐

• 독일에서 계속 살았어요.

• 부지런히 일하는 것을 좋아했어요.

• 조용하고 잔잔한 교회 음악을 많이 만들었어요.

게오르크 프리드리히 헨델

• 독일에서 태어났지만 여러 나라를 오가며 살았어요.

• 자유로운 성격이었어요.

• 밝은 느낌의 무대 음악을 많이 만들었어요.

'○○의 아버지'라고 불리는 사람들

의학의 아버지

히포크라테스는 의학의 기초를 세워서 '의학의 아버지'라고 불려요.

수학의 아버지

피타고라스는 수학의 기초를 닦아서 '수학의 아버지'라고 불려요.

◉ 알맞은 말에 ○표를 하세요.

음악의 아버지는 (바흐 , 헨델)이다.

◉ 바흐와 헨델의 비슷한 점에 ○표를 하세요.

| 같은 나라에서 태어났다. | |
| 밝은 느낌의 무대 음악을 만들었다. | |

◉ 알맞게 선으로 이으세요.

| 수학의 아버지 • | • 히포크라테스 |
| 의학의 아버지 • | • 피타고라스 |

1주차
확인 문제

1 인사 예절에 대한 알맞은 내용에 ○표를 하세요. 사회

인사를 할 때는 (밝은 , 어두운) 표정으로 예의 바르게 인사한다.

2 다음 설명에 알맞은 가족 행사를 쓰세요. 사회

아이가 태어난 날로부터 한 해가 되는 날을 말한다.

(   )

3 다음 중 가족 행사가 아닌 것은 무엇인가요? (   ) 사회

① 백일 ② 결혼식 ③ 방학식 ④ 졸업식 ⑤ 환갑잔치

4 씨앗의 이동 방법을 모두 골라 기호를 쓰세요. 과학

㉮ 바람에 멀리 날아간다.
㉯ 나비나 벌이 물고 가서 먼곳에 떨어뜨린다.
㉰ 꼬투리가 터지면서 멀리 날아가서 떨어진다.

(,   )

▶ 정답과 해설 13쪽

5 씨앗에 대한 내용을 알맞게 선으로 이으세요. 》 과학

분꽃씨

・

・ 검은 씨앗 안에 하얀 가루가 있다.

옥수수씨

・

・ 윗부분은 둥글고 양쪽은 모가 나 있다.

6 싹에 대한 알맞은 말에 ○표를 하세요. 》 과학

싹이 쑥쑥 자라면 줄기와 잎이 생기고 (뿌리 , 꽃)이/가 핀다.

7 다음의 그림과 설명에 알맞은 이름을 쓰세요. 》 사회

옛날에 어른이 된 남자가 머리에 쓰던 모자이다.

(   )

8 다음은 어느 나라의 국기인지 쓰세요. 》 --- 사회

(   )

9 다음 설명에 알맞은 말을 쓰세요. 》 --- 사회

> • 대한민국의 국기이다.
> • 태극 무늬와 4괘가 있다.

(   )

10 알맞은 말에 ○표를 하세요. 》 --- 국어

> 한글은 자음자와 모음자가 만나서 (글자 , 그림)을/를 만든다.

11 받침이 없는 글자는 어느 것인가요? (   ) 》 --- 국어

① 군   ② 서   ③ 홍   ④ 말   ⑤ 인

▶ 정답과 해설 **14**쪽

12 글을 이루는 단위가 <u>아닌</u> 것을 모두 고르세요. (,   ) »------------------------------- 국어

① 낱말   ② 문장   ③ 시간   ④ 문단   ⑤ 소리

13 세시 풍속으로 먹는 음식과 그 이름을 알맞게 선으로 이으세요. »------------------------------- 사회

•   • 송편

•   • 오곡밥

14 다음 설명에 알맞은 놀이는 무엇인가요? (   ) »------------------------------- 사회

- 4개의 윷가락을 던지며 노는 놀이이다.
- 주로 설날에 한다.

① 세배   ② 떡국   ③ 송편   ④ 윷놀이   ⑤ 연날리기

15 다음 설명에 알맞은 사람의 이름을 쓰세요. »------------------------------- 사회

- 자유로운 성격의 음악가로, 음악의 어머니라고 불린다.
- 밝은 느낌의 무대 음악을 많이 만들었다.

(   )

사회 예절을 지켜요

ㅇ	ㅅ	ㅇ	ㅈ

ㅅ	ㅅ	ㅇ	ㅈ

사회 함께하는 가족 행사

ㅅ	ㅇ

ㅇ	ㅎ	ㅅ

ㄱ	ㅎ	ㅅ

▶ 정답과 해설 15쪽

과학 여러 가지 씨앗

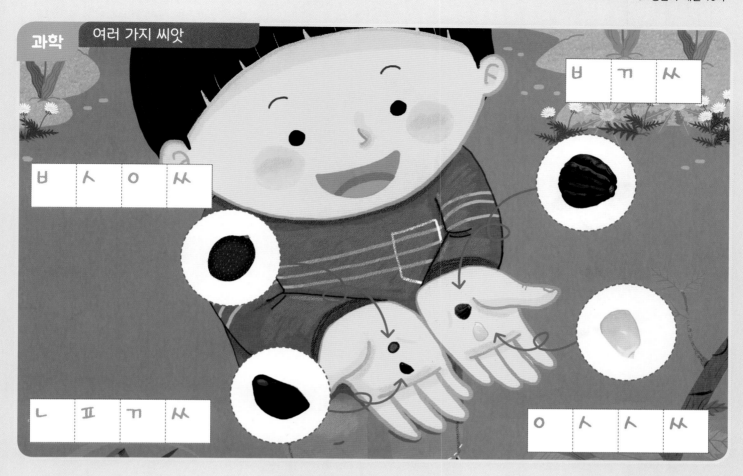

ㅂ	ㄲ	ㅆ

ㅂ	ㅅ	ㅇ	ㅆ

ㄴ	ㅍ	ㄲ	ㅆ

ㅇ	ㅅ	ㅅ	ㅆ

과학 싹이 나고 꽃이 피어요

ㄲ

이 피어요.

ㅆ

이 나요.

ㅆ	ㄱ	ㅊ	ㅁ

ㄱ	

ㅇ	

사회   궁금해요, 세계의 국기

ㅇ	ㅈ	ㄱ

ㅌ	ㄱ	ㄱ

ㅅ	ㅈ	ㄱ

ㅇ	ㅅ	ㅎ	ㄱ

▶ 정답과 해설 16쪽

국어 글을 써 보아요

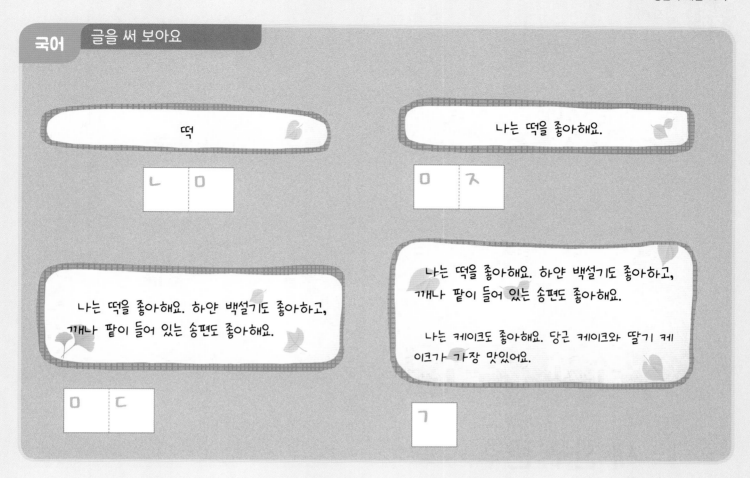

떡

ㄴ ㅁ

나는 떡을 좋아해요.

ㅁ ㅈ

나는 떡을 좋아해요. 하얀 백설기도 좋아하고, 깨나 팥이 들어 있는 송편도 좋아해요.

ㅁ ㄷ

나는 떡을 좋아해요. 하얀 백설기도 좋아하고, 깨나 팥이 들어 있는 송편도 좋아해요.

나는 케이크도 좋아해요. 당근 케이크와 딸기 케이크가 가장 맛있어요.

ㄱ

사회 우리나라의 세시 풍속

ㅅ ㅂ

ㅇ ㄴ ㅇ

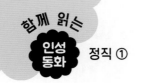

학원 빠진 날

새 친구 준후

우아, 드디어, 오늘은 오랜만에 학교에 가는 날!

그동안은 원격 수업을 했었지요. 조그마한 화면으로 선생님과 친구들의 얼굴을 보는 건 좀 지루했어요. 직접 보는 게 아니었으니까요. 오랜만에 간 교실 안은 낯설었지요. 아이들이 띄엄띄엄 자리에 앉아 있었어요.

"네가 건이지? 나는 준후야."

스마트폰을 보관함에 두러 가니 한 친구가 인사했어요. 도토리 같은 짧은 머리와 동그란 눈이 보였어요.

"알아, 알아. 우리 화면으로 봤잖아. 크크."

원격 수업을 하는 동안 봐 왔던 얼굴이었지요. 실제로 보니 준후는 그때보다도 더 장난기가 그득해 보였어요.

건이는 단박에 준후가 맘에 들었어요.

"학교 오니까 좋다, 그치?"

준후가 웃으며 말했고 건이도 고개를 끄덕였어요. 쉬는 시간이 되자, 준후
는 재미있는 만화책을 건이에게 보여 줬어요.

"너, 이거 알아? 진짜 재미있어."

준후가 보여 준 만화책은 건이도 좋아하는 것이었지요. 둘은 그 책을 보느
라 신나서 수업 시간이 된 것도 몰랐어요.

"최건! 이준후! 지금 수업 시간이에요. 얼른 제자리에 앉고, 만화책을 가방
에 넣으세요!

담임 선생님이 엄한 목소리로 꾸짖으셨지요. 건이는 얼른 자리에 앉았고,
준후도 만화책을 가방에 넣었어요.

"1학기 때 선생님이 말한 것을 잊은 모양인데, 다시 한번 분명히 말하겠어
요. 수업 시간이 되면 다들 제자리에 앉아 수업 준비를 해야 해요. 알았죠?"

"넵!"

준후가 가장 먼저 장난스럽게 대답했어요. 선생님이 준후에게 다시 말씀하셨어요.

"우리 준후 앞으로 얼마나 잘 지키는지 선생님이 꼭 봐야겠어요."

그 말씀에 건이는 조금 찔끔했는데, 준후는 그냥 해맑게 웃을 뿐이었어요.

'이야, 얘는 무서운 게 진짜 없나 봐? 선생님 말씀도 전혀 무서워하지 않는 것 같은데…….'

건이는 왠지 준후가 멋있어 보였어요. 자기는 조금 겁쟁이인데, 준후는 아닌 것 같았거든요. 원격 수업을 하는 동안에도 웃긴 말로 아이들 웃음보를 터뜨렸던 준후였지요. 건이는 수업 시간 틈틈이 준후를 바라보았어요. 준후의 온몸에서 에너지가 발사되는 것같이 보였거든요.

수업이 끝난 뒤, 둘은 자연스럽게 같이 학교를 나섰어요. 그때 준후가 말했어요.

"최건, 우리 떡볶이 먹으러 갈까?"

그 말에 건이가 머뭇거렸어요.

"나 학원에 가야 하는데……."

"떡볶이 먹고 가면 되지. 배고프잖아?"

"그, 그렇지만……."

건이는 어쩔 줄 몰랐어요. 학원을 빠지면 학원 선생님이 엄마한테 전화를 할 거고, 그러면 엄마한테 혼이 날 것 같았어요. 그렇지만 배도 고프고, 새 친구 준후랑 떡볶이를 먹고 싶기도 했지요. 준후가 그런 건이를 빤히 쳐다보았어요.

"나, 나, 돈이 없는데……."

건이의 말에 준후가 웃으며 말했어요.

"내가 사 줄게. 다음에 네가 사. 뭐 그런 거 갖고 그러냐."

건이는 어느 틈에 준후에게 이끌려 떡볶이를 먹고 있었어요. 이미 학원 갈 시간은 지났어요. 신나게 떠드는 준후의 말이 건성으로 들렸어요.

"야, 최건, 내 말 듣고 있냐? 딴 생각 하는 거야?"

건이는 학원을 못 갔다는 생각에 정신이 팔려서 준후의 말을 못 들었나 봐요. 사실 건이가 학원을 안 간 것은 이번이 처음이었어요. 나중에 학원 선생님과 엄마한테 혼날 걱정에 안절부절못했지요. 그런 건이에게 준후가 물었어요.

"너, 학원 못 가서 그런 거냐?"

"응. 선생님도, 엄마도 엄청 무섭다고. 틀림없이 많이 혼날 거야."

준후가 잠시 생각을 하더니 말했어요.

"배 아파서 못 갔다고 그래. 계속 배가 아파서 집에서 누워 있었다고."

아하! 얼핏 좋은 생각 같았어요. 배가 아파서 학원에 못 갔다고 하면 크게 혼날 것 같지 않았거든요. 둘은 떡볶이를 다 먹고 나서 준후의 집에 가서 게임을 하며 신나게 놀았어요.

그날 저녁, 건이는 엄마에게 처음으로 거짓말을 했어요. 엄마는 처음엔 크게 혼내려고 하시다가, 건이가 아팠다는 말에 깜짝 놀라셨어요. 그러면서 지금도 아프냐고 물으셨지요. 건이는 고개를 도리질했어요. 엄마한테 야단을 안 맞아서 좋았지만 엄마한테 거짓말을 한 건 기분이 안 좋았어요.

이어지는 내용은 72쪽에 >>>

2 주차

1회
사회

① 우리나라의 민속놀이

학습 계획일

월 일

② 세계의 전통 놀이

월 일

2회
안전/과학

① 대중교통을 안전하게 이용해요

학습 계획일

월 일

② 동물들의 겨울나기와 겨울잠

월 일

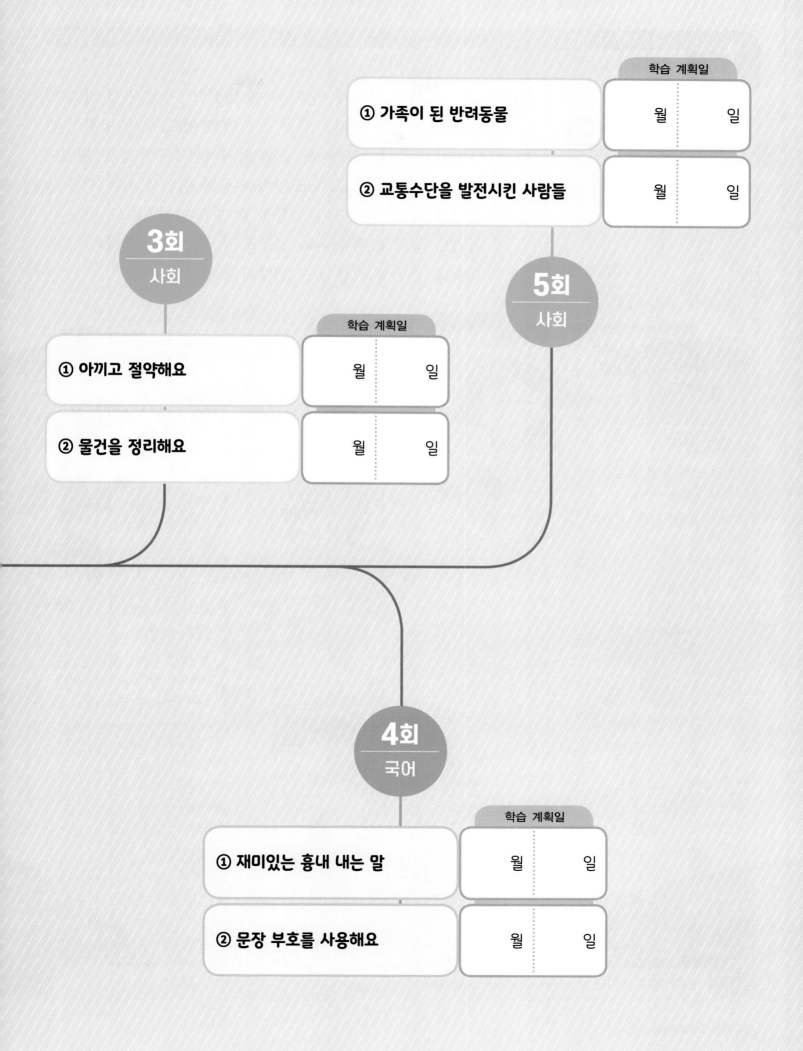

3회
사회

① 아끼고 절약해요

학습 계획일
월   일

② 물건을 정리해요

학습 계획일
월   일

① 가족이 된 반려동물

학습 계획일
월   일

② 교통수단을 발전시킨 사람들

월   일

5회
사회

4회
국어

① 재미있는 흉내 내는 말

학습 계획일
월   일

② 문장 부호를 사용해요

월   일

우리나라의 민속놀이

주안이는 친구들과 **민속놀이**를 했어요. 가장 먼저 멀리 있는 통에 화살을 던지는 **투호 놀이**를 했어요. 놀이 방법이 간단했지만 화살이 자꾸 통 앞에 떨어져서 1개밖에 못 넣었어요. **돼지 씨름**은 쪼그리고 앉아서 콩콩 뛰면서 하는 씨름 놀이예요. 주안이는 돼지 씨름을 하면서 넘어지기도 하고 이기기도 했어요. 주안이와 친구들은 비사치기, 줄다리기, 강강술래, 손바닥 씨름 등도 했답니다.

투호 놀이

멀리 서서 통에 화살을 던져 넣는 놀이예요.

돼지 씨름

쪼그리고 앉아 두 발로 콩콩 뛰면서 엉덩이로 상대방을 쳐서 밀어내는 놀이예요.

이해 ▶ 투호 놀이는 옛날부터 전해 내려오는 놀이인 ☐☐☐☐예요.

우리나라의 여러 가지 민속놀이

비사치기

출발선에서 돌을 던져 다른 편이 세워 둔 돌을 넘어뜨리는 놀이예요.

줄다리기

여러 사람이 두 편으로 나뉘어서 양쪽에서 줄을 당겨 승부를 겨루는 놀이예요.

강강술래

여러 사람이 함께 손을 잡고 동그라미를 그리며 뛰어노는 놀이예요.

손바닥 씨름

두 사람이 손바닥을 마주 대고 서로 밀쳐 내는 놀이예요. 땅에서 발이 먼저 떨어지면 져요.

◉ 투호 놀이에 대한 설명에 ○표를 하세요.

쪼그리고 앉아서 하는 놀이이다.	
통에 화살을 던져 넣는 놀이이다.	

◉ 알맞게 선으로 이으세요.

비사치기 •

돼지 씨름 •

• 쪼그리고 앉아서 뛰면서 엉덩이로 상대방을 쳐서 밀어내는 놀이.

• 돌을 던져 다른 편이 세워 둔 돌을 넘어뜨리는 놀이.

◉ 다음 설명에 알맞은 말을 쓰세요.

• 손바닥으로 서로 밀쳐 내는 놀이이다.
• 땅에서 발이 먼저 떨어지는 사람이 진다.

세계의 전통 놀이

세계 놀이 축제가 열렸어요. 여기저기에서 세계의 전통 놀이를 하고 있네요. 장구 모양처럼 생긴 쿵쥬를 돌리는 중국의 쿵쥬 놀이, 동전을 떨어지지 않게 쌓는 유럽의 동전 쌓기 놀이, 던지면 되돌아오는 막대기를 던지는 호주의 부메랑 놀이 등 정말 다양해요. 미국의 컵 쌓기 놀이, 베트남의 냐이 삽 놀이, 일본의 겐다마 놀이, 아프리카의 땡땡이 북 놀이까지 모두 재미있어요.

동전 쌓기 놀이
유럽의 전통 놀이. 나무 병 위에 동전을 떨어지지 않게 쌓는 놀이예요.

부메랑 놀이
호주의 전통 놀이. 원을 그리며 되돌아오는 부메랑을 던지고 받으면서 놀아요.

쿵쥬 놀이
중국의 전통 놀이. 손잡이가 달린 줄을 장구 모양처럼 생긴 쿵쥬에 감고 돌리면서 놀아요.

이해 ▶ 세계의 □□ □□에는 쿵쥬 놀이, 부메랑 놀이, 동전 쌓기 놀이 등이 있어요.

세계의 여러 가지 전통 놀이

컵 쌓기 놀이

미국의 전통 놀이. 컵을 쌓거나 겹치거나 허물면서 노는 놀이예요.

냐이 삽 놀이

베트남의 전통 놀이. 양쪽에서 긴 막대를 움직이면 가운데 사람이 피하면서 노는 놀이예요.

겐다마 놀이

일본의 전통 놀이. 실 끝에 있는 공을 당겨서 망치 모양의 막대에 끼워 넣는 놀이예요.

땡땡이 북 놀이

아프리카의 전통 놀이. 구슬이 북 판에 부딪쳐서 소리가 나도록 북을 흔들면서 노는 놀이예요.

◉ 쿵쥬 놀이에 대한 설명에 모두 ○표를 하세요.

중국에서 주로 하는 놀이이다.	

실 끝에 있는 공을 당겨 막대에 끼워 넣는 놀이이다.	

장구 모양처럼 생긴 쿵쥬에 줄을 감고 돌리는 놀이이다.	

◉ 다음 설명에 알맞은 말을 쓰세요.

- 미국의 전통 놀이이다.
- 컵을 쌓거나 겹치거나 허물면서 노는 놀이이다.

☐ ☐ ☐ ☐ ☐

◉ 알맞게 선으로 이으세요.

호주	•	•	냐이 삽 놀이
베트남	•	•	부메랑 놀이

2회 ①

대중교통을 안전하게 이용해요

세상에는 다양한 탈것이 있어요. 그중에서 여러 사람이 함께 이용할 수 있도록 만든 탈것을 대중교통이라고 해요.

길에서 자주 볼 수 있는 대중교통은 바로 버스예요. 기다란 버스는 마을과 도시 구석구석을 누비며 사람을 태워요.

땅속을 다니는 대표적인 대중교통은 전철이에요. 전기의 힘으로 철길 위를 달리지요. 이 밖에도 기차, 비행기, 배 같은 대중교통도 있답니다.

버스
여러 사람을 태울 수 있는 길고 커다란 자동차예요.

전철
전기의 힘으로 철길 위를 다니는 차예요. 주로 땅속으로 달려서 지하철이라고도 불려요.

← 배   226 사 당   227 낙성대 ➡

이해 ▶ □□□□은 여러 사람이 함께 이용하는 탈것이에요.

안전한 대중교통 이용 방법

버스 정류장에서 기다려요.

버스를 기다릴 때는 버스 정류장에서만 기다려요. 찻길로 내려가면 위험할 수도 있어요.

손잡이를 꼭 잡아요.

버스 안에서는 손잡이를 꼭 잡고 장난치지 말아요. 내릴 때는 버스가 완전히 멈춘 다음에 내려요.

안전선 밖에서 기다려요.

전철을 기다릴 때는 안전선 밖에서 기다리고, 전철을 탈 때는 사람들이 먼저 내린 후에 타요.

발이 빠지지 않게 조심해요.

전철과 승강장 사이가 넓은 곳이 있어요. 전철을 타고 내릴 때 발이 빠지지 않도록 조심해요.

◉ 대중교통인 탈것에 모두 ○표를 하세요.

버스	트럭	배
비행기	구급차	기차

◉ 다음 설명에 알맞은 말을 쓰세요.

- 전기의 힘으로 철길 위를 다니는 대중교통이다.
- 주로 땅속으로 달려서 지하철이라고도 불린다.

☐ ☐

◉ 대중교통을 안전하게 이용하는 방법에 모두 ○표를 하세요.

버스에서는 의자 손잡이를 잡는다.	☐
전철에서는 발이 빠지지 않게 조심한다.	☐
전철을 기다릴 때는 안전선 안에서 기다린다.	☐

동물들의 겨울나기와 겨울잠

추운 겨울이 오면 우리는 따뜻한 옷을 입어요. 그러면 동물들은 춥고 먹이도 많지 않은 겨울을 어떻게 지낼까요? 동물들은 털이 많아지도록 털갈이를 하거나 알이나 번데기로 겨울을 보내기도 해요. 또 어떤 동물들은 겨울 동안 거의 움직이지 않고 땅속이나 바위 틈, 동굴 속에서 겨울을 보내기도 하는데 이것을 겨울잠이라고 해요. 겨울잠을 자는 동물에는 곰, 개구리, 박쥐 등이 있어요.

박쥐
동굴 천장에 거꾸로 매달려 날개로 온몸을 감싸고 자요.

곰
바위 틈에서 자다가 중간에 깨어나서 똥이나 오줌을 누거나 먹이를 먹어요.

개구리
몸을 거의 움직이지 않으면서 봄이 될 때까지 땅속에서 자요.

이해 ▶ 곰, 개구리, 박쥐 등은 □□□을 자는 동물이에요.

다른 동물들의 겨울나기

나비

나비는 알, 애벌레나 어른벌레가 되기 전인 번데기의 모습으로 겨울을 지내요.

사마귀

사마귀는 겨울 동안 알집에서 알의 모습으로 있다가 봄에 깨어나요.

물고기

물속에서 겨울을 나며 몸을 거의 움직이지 않아요.

사슴벌레

나무 속에서 주로 어른벌레의 모습으로 겨울을 지내요.

◉ 알맞은 말에 ○표를 하세요.

동물들이 겨울 동안 거의 움직이지 않고 땅속이나 바위 틈, 동굴 속에서 겨울을 보내는 것을 (겨울잠 , 나비잠)이라고 한다.

◉ 겨울잠을 자는 동물에게 모두 ○표를 하세요.

곰	개
고양이	
박쥐	개구리

◉ 알맞게 선으로 이어 보세요.

사마귀 ·	· 주로 어른벌레의 모습으로 나무 속에서 겨울을 지낸다.
사슴벌레 ·	· 알집에서 알의 모습으로 겨울을 지낸다.

3회 ①

아끼고 절약해요

'강물도 쓰면 준다.'라는 말을 들어본 적 있나요?

아무리 많아도 함부로 쓰면 없어진다는 뜻이에요. 이렇게 돈이나 물건 등을 꼭 필요한 곳에만 써서 아끼는 것을 절약이라고 해요.

절약을 하면 쓰레기를 줄일 수 있고, 환경 오염도 막을 수 있어요. 또 절약해서 모은 돈과 시간을 다른 곳에 소중하게 사용할 수도 있어요.

절약을 하면 환경 오염도 막을 수 있지.

사용하지 않는 전등은 꺼요.

가까운 거리는 자전거를 타요.

이해 ▶ 돈이나 물건 등을 꼭 필요한 곳에만 써서 아끼는 것을 ☐☐이라고 해요.

우리가 할 수 있는 절약 방법 ////////////////////////

이를 닦을 때는 컵에 물을 담아서 사용하면 물을 아낄 수 있어요.

엘리베이터 대신 계단을 이용하면 에너지를 아낄 수 있어요.

사용하지 않는 가전 제품의 플러그를 뽑으면 에너지를 아낄 수 있어요.

난방을 하거나 냉방을 할 때 온도를 적당하게 맞추면 에너지를 아낄 수 있어요.

◉ 다음 설명에 알맞은 말을 쓰세요.

• 돈이나 물건 등을 꼭 필요한 곳에만 써서 아끼는 것이다.
• '강물도 쓰면 준다.'라는 말과 관련이 있다.

☐ ☐

◉ 절약을 하는 방법에 ○표를 하세요.

이를 닦을 때는 컵에 물을 담아서 사용한다. ☐

더울 때는 냉방 온도를 최대한 낮게 맞춘다. ☐

◉ 알맞은 말에 ○표를 하세요.

에너지 절약을 위해 엘리베이터 대신 (계단 , 에스컬레이터)을/를 이용한다.

물건을 정리해요

정아가 머리핀을 찾고 있어요. 책상도 살펴보고, 서랍도 열어 보았지만 찾을 수가 없어요. 가만히 보니 방이 엉망이에요. 책은 여기저기, 바닥에는 장난감이 한가득, 입던 옷은 뒹굴뒹굴. 이럴 때는 물건을 정리해야 해요. 필요 없는 것은 버리고, 같은 종류의 물건끼리 모아 제자리에 가지런히 놓으면 돼요. 이렇게 정리를 하면 물건을 쉽게 찾을 수 있고, 물건을 잃어버리지 않게 돼요.

정리
흐트러진 것을 한곳에 모아 제자리에 가지런히 놓는 것을 말해요.

이해 ▶ □□를 하면 잃어버린 물건을 잘 찾을 수 있어요.

교실에서 물건을 정리하는 방법

책상 위 정리

이번 시간에 배울 교과서와 공책을 꺼내고, 연필과 지우개를 준비해요.

책상 서랍 정리

- 교과서와 공책, 쓰지 않는 학용품을 넣어 두어요.
- 교과서와 공책은 시간표의 순서대로 정리해요.

책가방 정리

지퍼를 잠그고, 정해진 곳에 두어요.

사물함 정리

- 책이나 파일은 세워 두어요.
- 크고 무거운 물건은 아래쪽에 두어요.
- 작은 물건은 바구니에 담아 두어요.

◉ 다음 설명에 알맞은 말을 쓰세요.

- 흐트러진 것을 한곳에 모아 제자리에 가지런히 놓는 것이다.
- 이것을 하면 물건을 잘 찾을 수 있게 된다.

[ ] [ ]

◉ 물건 정리에 대한 설명에 ○표를 하세요.

책가방은 아무 곳에나 둔다. [ ]

책상 서랍에는 교과서와 공책을 넣어 둔다. [ ]

◉ 알맞은 말에 ○표를 하세요.

물건을 (구경 , 정리)할 때는 필요 없는 물건은 버리고, 같은 종류끼리 모으고, 제자리에 물건을 놓는다.

4회 ①

재미있는 흥내 내는 말

똑똑, 느릿느릿, 주르륵, 저벅저벅.

이런 낱말들을 들으면 어떤 장면이 떠오르나요? '똑똑'은 문을 두드리는 장면, '느릿느릿'은 거북이 느리게 기어가는 장면, '주르륵'은 빗물이 유리창에 흐르다가 멈추는 장면, '저벅저벅'은 한 걸음씩 걸어가는 장면이 떠오를 거예요.

이렇게 사람이나 사물의 모습이나 소리를 나타내는 말을 흉내 내는 말이라고 해요.

흥내 내는 말을 쓰면 문장을 생생하고 자세하게 표현할 수 있어요.

이해 ▶ 어떤 모습이나 소리를 나타내는 말을 □□ □□ □이라고 해요.

흉내 내는 말의 종류

모습을 흉내 내는 말

사람이나 사물의 모양이나 움직임을 나타내요.

살금살금	남이 모르게 살며시 움직이는 모양.
부들부들	몸을 부르르 떠는 모양.
깜짝	갑자기 놀라는 모양.

소리를 흉내 내는 말

사람이나 사물이 내는 소리를 나타내요.

개굴개굴	개구리가 우는 소리.
드르렁	매우 크게 코를 고는 소리.
쾅	무거운 것이 바닥에 떨어지거나 다른 물건에 부딪쳐서 나는 소리.

흉내 내는 말을 쓰면 좋은 점

흉내 내는 말을 쓰면 더 자세하게 나타낼 수 있어요. 또 느낌을 생생하고 재미있게 표현할 수 있고, 더 실감 나게 나타낼 수 있어요.

◉ 다음 설명에 알맞은 말을 쓰세요.

> 사람 또는 사물의 모양이나 소리를 나타내는 말이다.

◉ 흉내 내는 말에 모두 ○표를 하세요.

> 깜짝   쾅   가끔   일찍

◉ 흉내 내는 말을 쓰면 좋은 점에 모두 ○표를 하세요.

자세하게 나타낼 수 있다.	
더 실감 나게 나타낼 수 있다.	
뜻이 다른 말로 나타낼 수 있다.	

문장 부호를 사용해요

"빨리 먹어."와 "빨리 먹어?"를 보세요.

첫 번째 문장은 빨리 먹으라는 뜻이고, 두 번째 문장은 빨리 먹어야 하는지를 묻는 뜻이에요. 문장의 끝에 있는 마침표(.)와 물음표(?)만 다른데 두 문장의 뜻은 전혀 달라요. 이처럼 문장의 뜻을 정확하게 전달하기 위해 쓰는 기호를 문장 부호라고 해요. 문장 부호에는 마침표, 쉼표, 물음표, 느낌표 등이 있어요.

친구가 웃어요.
마침표
설명하는 문장의 끝에 써요.

꽃이 예쁘구나!
느낌표
느낌을 나타내는 문장의 끝에 써요.

연아야, 반가워.
쉼표
부르는 말이나 대답하는 말 뒤에 써요.

잘 있었니?
물음표
묻는 문장의 끝에 써요.

이해▶ 문장의 뜻을 정확하게 전달하기 위해서 □□ □□를 써요.

여러 가지 문장 부호

큰따옴표

 대화하는 부분에 써요.
㈜ "꽃 향기가 정말 좋아."

작은따옴표

 생각이나 속마음을 나타낼 때에 써요.
㈜ '내가 좋아하는 꽃이잖아.'

문장 부호를 쓰는 방법

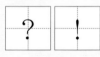 마침표와 쉼표는 네모 칸의 왼쪽 아래에 써요.

 물음표와 느낌표는 네모 칸의 가운데에 써요.

큰따옴표와 작은따옴표는 네모 칸의 위쪽에 써요.

문장부호를 쓰는 까닭

문장 부호를 쓰면 문장의 뜻을 쉽게 이해할 수 있어요. 문장의 끝에 물음표를 쓰면 무엇을 묻는다는 것을 알 수 있고, 느낌표를 쓰면 느낌을 나타낸다는 것을 알 수 있거든요.

◉ 다음 설명에 알맞은 말을 쓰세요.

> 문장의 뜻을 정확하게 전달하기 위해 쓰는 기호이다.

◉ 알맞게 선으로 이으세요.

 ·

 ·

· 쉼표

· 느낌표

◉ 알맞은 말에 ○표를 하세요.

> 물음표(?)와 느낌표(!)를 쓸 때는 네모 칸의 (가운데 , 왼쪽 아래)에 쓴다.

가족이 된 반려동물

윤서네 집에 가족이 하나 늘었어요. 강아지를 키우기로 했거든요. 이렇게 가족처럼 곁에 두고 기르는 동물을 반려동물이라고 해요.

반려동물에는 개도 있지만, 고양이, 물고기, 고슴도치, 새, 뱀, 곤충 등도 있어요. 반려동물과 함께 지내면 동물과 마음을 나누면서 스트레스를 줄일 수 있고, 마음이 편안해져서 건강이 좋아지기도 해요.

개
사람을 잘 따르고 영리해요.

고양이
깔끔하고 귀여워요.

물고기
어항에서 살아서 키우기가 쉬워요.

이해 ▶ 개, 고양이, 물고기 등 가족처럼 곁에 두고 기르는 동물을 □□□□이라고 해요.

반려동물을 키울 때 지켜야 할 점

목줄을 꼭 매고 다녀요.

반려동물과 산책을 할 때는 반려동물의 목에 목줄을 해야 다른 사람들에게 불편함을 주지 않아요.

배변 봉투를 가지고 다녀요.

반려동물이 산책을 하다가 똥을 누면 곧바로 치워야 하기 때문에 배변 봉투를 가지고 다녀야 해요.

동물 등록을 해요.

반려동물은 잃어버리면 찾기가 힘들어요. 그래서 동물 등록을 해 두면 잃어버린 동물을 찾을 때 도움이 되어요.

꼭 알아두세요

반려동물은 장난감처럼 갖고 노는 물건이 아니고 사람과 더불어 살아가는 생명이에요. 따라서 반려동물을 소중하게 생각하고 책임을 갖고 보살펴야 해요.

◉ 알맞은 말에 ○표를 하세요.

> 개, 고양이, 물고기 등 가족처럼 곁에 두고 기르는 동물을 (야생동물 , 반려동물)이라고 한다.

◉ 그림에서 볼 수 있는 반려동물에 모두 ○표를 하세요.

개	사자	곰
돌고래	고양이	

◉ 반려동물과 외출할 때 지켜야 할 점에 ○표를 하세요.

목줄은 가끔 풀어 준다.	
배변 봉투를 꼭 가지고 다닌다.	

교통수단을 발전시킨 사람들

130여 년 전만 하더라도 사람들은 먼 거리를 갈 때 말이나 마차를 타고 다녔어요. 더 먼 거리는 기차나 배를 이용했지만, 아주 오랜 시간이 걸렸지요.

카를 벤츠가 자동차를 만들고, 라이트 형제가 비행기를 만들면서부터 사람들이 먼 곳까지 오고가는 것이 편해졌어요. 그 뒤 헨리 포드가 자동차를 대량으로 만들어내면서 교통수단은 더 발전하게 되었어요.

라이트 형제
세계 최초로 엔진을 단 비행기를 만들었어요.

카를 벤츠
세계 최초로 현대식 자동차를 개발했어요.

헨리 포드
자동차를 대량 생산하여 누구나 자동차를 살 수 있게 했어요.

이해 ▶ 세계 최초로 엔진을 단 비행기를 개발한 사람은 □□□ □□예요.

하늘을 날기 위한 노력

라이트 형제가 비행기를 만들기 훨씬 전부터 사람들은 하늘을 날고 싶어 했어요. 그래서 다양한 방법으로 비행에 도전했어요.

열기구

몽골피에 형제는 열기구를 만들어 사람을 싣고 하늘에 띄웠어요.

글라이더

릴리엔탈은 바람의 힘으로 하늘을 나는 글라이더를 만들었어요.

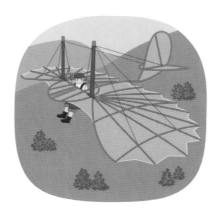

헨리 포드와 자동차 대량 생산

헨리 포드는 자동차를 한번에 많이 만들고 싶었어요.

그래서 여러 사람에게 일을 나누어 각자 주어진 부분만 조립하도록 했더니 자동차를 만드는 속도가 빨라졌어요. 헨리 포드는 이 방법으로 자동차를 훨씬 싼값으로, 더 많이 만들 수 있었답니다.

◉ 교통수단을 발전시킨 사람에게 모두 ○표를 하세요.

라이트 형제   바흐   카를 벤츠

유관순   헨리 포드   헨델

◉ 알맞게 선으로 이으세요.

비행기 ·

자동차 ·

· 헨리 포드

· 라이트 형제

· 카를 벤츠

◉ 알맞은 말에 ○표를 하세요.

몽골피에 형제는 (자전거 , 열기구)를 만들어 하늘로 띄웠다.

1 다음 설명에 알맞은 말에 ○표를 하세요. » ································· 사회

여러 사람이 두 편으로 나뉘어서 양쪽에서 줄을 당겨 승부를 겨루는 놀이는 (줄다리기 , 강강술래)이다.

2 다음의 전통 놀이는 무엇인가요? (   ) » ···················· 사회

① 쿵쥬 놀이
② 부메랑 놀이
③ 컵 쌓기 놀이
④ 동전 쌓기 놀이
⑤ 땡땡이 북 놀이

3 부메랑 놀이에 대한 설명에 ○표를 하세요. » ······················ 사회

(1) 공을 당겨서 망치 모양의 막대에 끼워 넣는 놀이이다.   (   )
(2) 원을 그리며 되돌아오는 부메랑을 던지며 노는 놀이이다.   (   )

4 다음 설명에 알맞은 대중교통을 쓰세요. » ······················ 안전

여러 사람을 태울 수 있는 길고 커다란 자동차이다.

(   )

▶ 정답과 해설 **29**쪽

5 버스를 안전하게 이용하는 방법에 모두 ○표를 하세요. 》 ··· 안전

(1) 버스 안에서는 손잡이를 꼭 잡는다.   (   )

(2) 버스 정류장에서는 찻길로 내려가서 버스를 탄다.   (   )

(3) 버스에서 내릴 때는 버스가 완전히 멈춘 다음에 내린다.   (   )

6 다음 설명에 알맞은 동물에 ○표를 하세요. 》 ··· 과학

> 동굴 천장에 거꾸로 매달려 날개로 온몸을 감싸고 겨울잠을 자는 동물은 (나비, 박쥐) 이다.

7 동물들이 겨울을 나는 방법을 알맞게 선으로 이으세요. 》 ··· 과학

| 사슴벌레 | • | | • | 물속에서 몸을 거의 움직이지 않는다. |

| 물고기 | • | | • | 나무 속에서 주로 어른벌레의 모습으로 지낸다. |

8 절약을 하는 방법이 <u>아닌</u> 것은 무엇인가요? (   ) 》 ··· 사회

① 계단 대신 엘리베이터를 이용한다.

② 냉방을 할 때는 적당한 온도로 맞춘다.

③ 이를 닦을 때는 컵에 물을 담아서 사용한다.

④ 날씨가 추울 때는 적당한 온도로 난방을 한다.

⑤ 가전제품을 사용하지 않을 때는 플러그를 뽑는다.

9 다음 설명에 알맞은 말에 ○표를 하세요. 》 ---------------------------- 사회

> 교실에서 사물함을 정리할 때 크고 무거운 물건은 (위쪽 , 아래쪽)에 두는 것이 안전하다.

10 교실에서 물건을 정리하는 방법에 모두 ○표를 하세요. 》 ---------------------------- 사회

(1) 책가방은 정해진 곳에 둔다.　　　　　　　　　　　　　　　　　(　　)

(2) 교과서와 공책은 시간표 순서대로 정리한다.　　　　　　　　(　　)

(3) 책상 위에는 잘 사용하지 않는 작은 학용품을 올려 둔다.　(　　)

11 흉내 내는 말과 뜻을 알맞게 선으로 이으시오. 》 ---------------------------- 국어

| 살금살금 | • | • | 몸을 부르르 떠는 모양. |
| 부들부들 | • | • | 남이 모르게 살며시 움직이는 모양. |

12 흉내 내는 말에 모두 ○표를 하세요. 》 ---------------------------- 국어

> 사과　　　　드르렁　　　　무지개　　　　느릿느릿

▶ 정답과 해설 **30**쪽

13 다음 설명에 알맞은 문장 부호의 이름을 쓰세요. 》 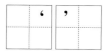 국어

| | ' | ' | | 생각이나 속마음을 나타낼 때 쓰는 문장 부호이다.

(   )

14 다음 설명에 알맞은 말에 ○표를 하세요. 》 사회

강아지와 산책을 할 때는 (목줄 , 양말)을 꼭 해서 다른 사람들에게 불편함을 주지 않아야 한다.

15 다음에서 설명하는 사람은 누구인가요? (   ) 》 사회

세계 최초로 엔진을 단 비행기를 만들었다.

① 바흐   ② 이순신   ③ 카를 벤츠   ④ 헨리 포드   ⑤ 라이트 형제

| 사회 | 우리나라의 민속놀이 |

| ㅂ | ㅅ | ㅊ | ㄱ |

| ㄱ | ㄱ |
| ㅅ | ㄹ |

| ㅈ | ㄷ | ㄹ | ㄱ |

| ㅅ | ㅂ | ㄷ |
| ㅆ | ㄹ |

| 사회 | 세계의 전통 놀이 |

| ㄷ | ㅈ | ㅆ | ㄱ | ㄴ | ㅇ |

| ㅂ | ㅁ | ㄹ |
| ㄴ | ㅇ |

안전 대중교통을 안전하게 이용해요

과학 동물들의 겨울나기와 겨울잠

절약을 하면 환경 오염
도 막을 수 있지.

| ㅈ | ㅇ |

을 해요.

방을

| ㅈ | ㄹ |

해요.

국어 문장 부호를 사용해요

| ㅁ | ㅈ | | ㅂ | ㅎ | 를 사용해요.

사회 가족이 된 반려동물

| ㅂ | ㄹ | ㄷ | ㅁ | 과 함께해요.

게임왕이 되고 싶어!

건이는 금세 준후랑 친해졌어요. 준후랑 놀기 위해 엄마를 졸라서 학원 시간을 바꾸었지요. 건이는 학원에 다니지 않는 준후가 부러웠어요.

"너는 좋겠다, 학원 안 가서. 나는 학원도 가고 학습지도 풀어야 하는데. 정말 힘들어."

건이가 툴툴거렸어요.

"그러게. 나는 학습지만 조금 풀면 되니까 정말 좋아. 너도 정 그러면 학원안 다니겠다고 해. 나도 엄마를 계속 졸라서 저번 달부터 안 다니는 거야. 그전엔 정말 많이 다녀서 힘들었어."

준후가 말했어요. 건이는 그 말을 듣고 잠시 눈이 반짝였다가 곧 도리질을 했어요.

"소용없어. 안 다니겠다고 했는데 엄마가 안 된다고 했어."

건이는 한숨을 쉬며 말했어요.

건이는 한 주 내내 여러 개의 학원을 다니느라 정말 힘들었어요. 그중 몇 개만 안 다니게 해 달라고 졸랐지만 아무 소용없었지요. 그런 건이를 보며 준후가 말했어요.

"뭐, 어쩌겠냐? 그냥 가야지. 그러지 말고 우리 게임이나 하자."

오늘도 두 사람은 준후네 집에 왔어요. 수업이 끝나면 건이는 준후네 집에서 간식을 먹은 뒤, 게임을 같이 하다가 학원을 가곤 했지요. 건이는 게임을 정말 잘하고 싶었어요. 준후가 자기보다 게임을 더 잘해서, 그게 좀 많이 샘이 났어요.

"넌 게임을 왜 이렇게 잘해?"

건이가 물었어요.

"하하, 난 게임을 많이 하잖아? 그러니 잘하지. 넌 학원 다니느라 바빠서 게임 할 시간이 없으니 못하는거지?"

준후의 말이 맞았어요. 건이는 여러 군데 학원을 다니고, 학습지도 풀어야 했어요. 게다가 엄마랑 약속한 것도 있었지요.

"최건, 엄마가 스마트폰을 사 주는 대신 넌 엄마랑 약속을 해야 해. 스마트폰은 하루에 30분만 쓰는 거야, 알았지?"

건이는 처음 스마트폰을 살 때 엄마랑 했던 약속을 떠올렸어요. 그동안은 잘 지키려고 노력했어요. 그런데 준후가 게임을 너무 잘하니까 건이는 자기가 더 잘하고 싶었어요.

'그래, 맞아. 준후는 집에서 내내 게임을 하는데, 나는 안 그러잖아. 그러니 걔가 더 잘하지. 쳇, 이게 뭐람?'

건이는 준후가 부러웠어요. 준후는 엄마, 아빠가 집에 안 계시는 낮 시간 동안 말 그대로 집안의 왕처럼 지내는 것 같았어요.

그날 저녁, 건이는 엄마 몰래 침대에 누워 스마트폰으로 게임을 했어요. 소리를 안 나게 하니, 엄마도 건이가 게임을 하는 걸 모르는 것 같았지요. 불빛이 새어나가지 않게 이불을 덮고 시간 가는 줄 모르고 게임을 했어요. 어느새 게임 레벨은 점점 높아졌지요.

그러던 어느 날이었어요. 그날도 건이는 이불을 머리끝까지 덮고 신나게 게임을 하고 있었어요. 엄마가 침대 머리맡에서 자기를 지켜보고 있는 것도 모를 지경이었지요. 불꽃 에너지로 적을 날려 버릴 때였어요. 난데없이 불호령이 떨어졌어요.

"최건! 얼른 일어나 봐."

이크, 엄마였어요! 건이는 놀라서 침대에서 내려왔어요.

"어서 이리 내, 스마트폰!"

엄마가 낮은 목소리로 말씀하셨어요. 엄청 화가 났다는 거지요. 건이는 덜덜 떨리는 손으로 스마트폰을 건넸어요. 건이는 엄마의 표정을 살폈는데, 폭발 직전이었지요.

"최건! 엄마랑 처음 스마트폰 살 때 했던 약속이 뭐였지?"

"휴, 스마트폰을 30분만 쓰는 거요."

"요즘 자꾸 피곤해하는 것 같아서, 엄마는 네가 어디 아픈가 걱정이 돼서 와 봤는데……. 게임을 하느라 그런 거였네?"

건이는 불꽃이 피어오르는 것 같은 엄마의 눈길을 슬며시 피했어요.

"최건! 엄마 눈 똑바로 봐! 그동안 게임을 계속 해 왔던 거지?"

"아, 아니에요. 엄마 오늘만 그런 거예요."

"정말이야?"

"어, 엄마, 잘못했어요. 준후가 너무 게임을 잘해서, 걔를 꼭 이기고 싶어서 그랬어요!"

그 말을 들은 엄마는 곰곰이 생각을 하시는 것 같았지요. 그 뒤 엄마 말씀은 더 충격이었어요.

"엄마랑 전에 약속한 대로, 한 주 동안 스마트폰은 엄마가 갖고 있을 거야. 그리고 준후를 이기려고 게임을 계속했다니, 준후네 가는 것도 당분간 금지야!"

아뿔싸! 건이는 스마트폰도 빼앗기고 준후랑 놀지도 못하게 됐어요. 건이는 앞이 캄캄해지는 것 같았지요. 그동안 거짓말 같은 건 안 했는데, 자꾸 거짓말을 하는 나쁜 아이가 되는 것 같았어요.

이어지는 내용은 106쪽에 >>>

3주차

1회 과학

학습 계획일

① 여러 가지 구름   월   일

② 자연을 지키는 노력, 자연 보호   월   일

2회 사회

학습 계획일

① 맛있는 우리 음식   월   일

② 세계 여러 나라의 음식   월   일

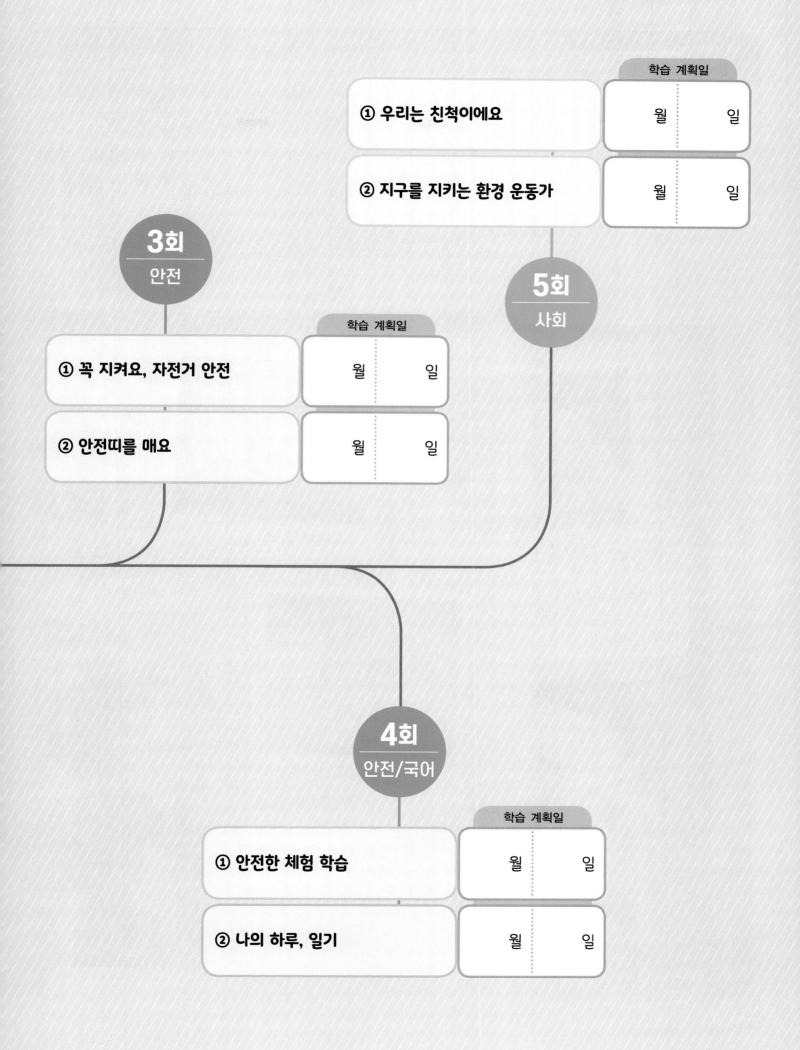

① 우리는 친척이에요

학습 계획일

월   일

② 지구를 지키는 환경 운동가

월   일

3회
안전

① 꼭 지켜요, 자전거 안전

학습 계획일

월   일

② 안전띠를 매요

월   일

5회
사회

4회
안전/국어

① 안전한 체험 학습

학습 계획일

월   일

② 나의 하루, 일기

월   일

여러 가지 구름

지원이는 며칠 동안 구름을 관찰하며 사진을 찍었어요.

첫째 날은 아주 맑은 하늘에 뭉게구름이 떠 있었어요. 다음날은 비구름이 잔뜩 끼어 있더니 비가 내렸어요. 며칠 뒤에는 한 무리의 양 떼가 어디로인가 몰려가는 것 같은 모양의 양떼구름을 보았어요.

이렇게 날씨에 따라 구름 모양이 날마다 달라지는 것이 정말 신기해요.

뭉게구름

비구름

하늘 전체를 덮는 회색 구름으로 비가 오기 전에 생겨요.

솜을 쌓아 놓은 것처럼 뭉실뭉실한 모양으로, 햇빛을 받으면 하얗게 빛나요.

양 떼구름

둥글둥글한 덩어리 모양으로, 마치 양 떼처럼 보여요.

이해 ▶ 날씨에 따라 □□ 모양이 달라져요.

여러 가지 구름

새털구름

하늘에 떠 있는 줄무늬의 흰 구름으로, 모양이 새털 같아요.

비늘구름

높은 하늘에 생기는 구름으로, 생선의 비늘 같은 모양이에요.

안개구름

안개처럼 땅에서 가까운 곳에 생기는 구름이에요.

구름이 만들어지는 과정

작은 물방울들이 모여서 구름이 돼.

강이나 바다의 물이 햇빛을 받으면 작은 물방울이 되어 하늘로 올라가요. 이때 작은 물방울들이 뭉쳐서 구름이 되어요.

◉ 알맞게 선으로 이으세요.

뭉게구름 ·	· 모양이 새털 같다.
새털구름 ·	· 모양이 솜처럼 뭉실뭉실하다.

◉ 다음 설명에 알맞은 말을 쓰세요.

- 비가 오기 전에 자주 보이는 구름이다.
- 회색을 띠면서 하늘 전체를 덮는 구름이다.

◉ 알맞은 말에 ○표를 하세요.

둥글둥글한 덩어리 모양으로, 양 떼처럼 보이는 구름은(양떼구름 , 안개구름)이다.

1회 ②

자연을 지키는 노력, 자연 보호

공원으로 나들이를 가서 초록색 나무와 예쁜 꽃을 보았어요. 사슴 우리와 토끼 사육장에서 예쁜 사슴과 귀여운 토끼도 보았어요. 기분이 정말 좋았어요.

나무와 꽃과 동물들을 보니 자연을 더 소중하게 생각하고 보호해야겠다는 생각이 들었어요. 이렇게 우리 주변을 둘러싼 식물이나 동물 등의 자연이 망가지지 않고 더 좋게 되도록 노력하는 일을 자연 보호라고 해요.

동물을 보호하려면
• 동물에게 먹이를 함부로 주지 않아요.
• 동물들을 괴롭히지 않아요.

식물을 보호하려면
• 나뭇가지나 꽃을 꺾지 않아요.
• 식물을 함부로 만지지 않아요.

이해 ▶ 자연이 망가지지 않으려면 ☐☐ ☐☐를 해야겠구나!

자연을 보호하는 또 다른 방법

식물을 심고 가꾸어요.

물이 오염되지 않도록 해요.

일회용품 사용을 줄여요.

자연을 보호해야 하는 까닭

자연이 망가지면 동물과 식물, 그리고 사람들이 살기 힘들어져요. 그러므로 조상이 물려주신 아름다운 자연을 잘 지키고 가꾸어서 다시 물려주어야 해요.

◉ 다음 설명에 알맞은 말을 쓰세요.

> 우리 주변을 둘러싼 식물이나 동물 등의 자연이 망가지지 않고 더 좋게 되도록 노력하는 일을 말한다.

◉ 자연 보호를 하는 방법에 모두 ○표를 하세요.

일회용품 사용을 줄인다.	

동물들을 괴롭히지 않는다.	

동물들에게 내가 가져간 먹이를 계속 준다.	

◉ 알맞은 말에 ○표를 하세요.

> (자연 , 건물)이 망가지면 동물과 식물, 그리고 사람들이 살기 힘들어진다.

맛있는 우리 음식

할머니 댁에 갔어요. 할머니께서는 우리나라 전통 음식으로 상을 차려 주셨어요. 나물을 넣어 비빈 비빔밥, 국물이 진한 삼계탕, 배추에 고춧가루와 양념을 버무린 김치 등 맛있는 음식이 가득했어요.

할머니께서는 우리 음식이 외국에서도 많이 사랑받고 있다고 하셨어요. 신선한 제철 재료를 이용하여 몸에 좋은 요리 방법으로 만들어서 그런가 봐요.

비빔밥
밥에 나물과 고기, 양념 등을 넣고 비벼서 먹는 음식이에요.

김치
배추나 무 등을 소금에 절여서 고춧가루와 여러 가지 양념에 버무린 음식이에요.

이해 ▶ □□는 배추를 소금에 절여 고춧가루와 여러 가지 양념에 버무린 음식이에요.

여러 가지 우리 음식

떡
곡식 가루를 찌거나 삶아서 익힌 음식으로, 송편, 인절미 등이 있어요.

잡채
채소와 고기를 얇게 썰어 볶은 것에, 삶은 당면을 섞어서 먹는 음식이에요.

갈비찜
소나 돼지의 갈비에 여러 가지 채소를 넣고 양념하여 푹 익힌 음식이에요.

삼계탕
닭에 인삼과 대추, 찹쌀 등을 넣고 오랜 시간 동안 끓여서 만든 음식이에요.

◉ 우리나라의 음식에 모두 ○표를 하세요.

삼계탕	케밥	김치
잡채	수블라키	갈비찜

◉ 다음 설명에 알맞은 말을 쓰세요.

- 곡식 가루를 찌거나 삶아서 만든 음식이다.
- 송편이나 인절미 등이 있다.

◉ 알맞게 선으로 이으세요.

갈비찜 •

비빔밥 •

• 밥에 나물과 고기, 양념 등을 넣고 비벼서 먹는 음식.

• 소나 돼지의 갈비에 여러 가지 채소를 넣고 양념하여 푹 익힌 음식.

세계 여러 나라의 음식

원이네 가족이 세계 음식을 먹을 수 있는 음식점에 갔어요. 아빠는 일본 음식인 스시를, 엄마는 멕시코 음식인 타코스를 골랐어요. 원이는 무엇을 먼저 먹을지 고민하다가 이탈리아 음식인 피자를 골랐어요. 원이는 위에빵이나 퍼, 탄두리치킨이나 퐁뒤도 먹고 싶었어요.

이런 음식들은 원래 그 나라 사람들만 먹었지만, 지금은 전 세계인이 함께 즐겨요.

타코스

옥수숫가루 반죽을 구워 만든 토르티야에 채소, 고기 등을 싸 먹는 멕시코 음식이에요.

피자

밀가루 반죽 위에 토마토, 햄, 치즈 등을 올려서 구운 이탈리아 음식이에요.

스시

밥에 식초, 설탕을 넣고 작게 뭉쳐 생선 등을 얹은 일본 음식이에요.

이해 ▶ □□는 밀가루 반죽 위에 토마토, 햄, 치즈 따위를 올려서 구운 음식이에요.

여러 가지 세계 음식

중국의 위에삥

밀가루 반죽에 팥, 견과류 등을 넣어 구운 중국 음식이에요. 우리나라에서는 '월병'이라고 불러요.

베트남의 퍼

고기 국물에 쌀로 만든 국수와 숙주 등을 넣은 베트남 음식이에요. 우리나라에서는 '쌀국수'라고 해요.

인도의 탄두리치킨

닭을 향신료와 요구르트로 양념을 해서 구워 낸 인도 음식이에요.

스위스의 퐁뒤

긴 막대에 음식을 끼워서 치즈나 초콜릿에 찍어 먹는 스위스 음식이에요.

◉ 다른 나라의 음식에 모두 ○표를 하세요.

위에삥	된장국	떡국
송편	퍼	오곡밥

◉ 다음 설명에 알맞은 말을 쓰세요.

- 고기 국물에 쌀로 만든 국수와 숙주 등을 넣어서 만든다.
- 베트남 음식이다.

◉ 세계의 음식에 대한 알맞은 설명에 ○표를 하세요.

퐁뒤는 긴 막대에 음식을 끼워 치즈나 초콜릿에 찍어 먹는 음식이다.

타코스는 밀가루 반죽에 토마토, 햄, 치즈 등을 올려서 구운 이탈리아 음식이다.

3회 ①

꼭 지켜요, 자전거 안전

건우는 공원에서 자전거를 탔어요. 상쾌한 바람을 맞으며 자전거를 타는 것은 정말 즐거워요.

자전거를 탈 때는 자전거 안전에 주의해야 해요. 먼저 자전거에 문제가 없는지 확인하고, 안전모와 보호구를 꼭 해야 해요. 준비 운동도 잊지 말고요. 옷차림은 편한 것이 좋아요. 슬리퍼 같이 벗겨지기 쉬운 신발을 신지 않아요. 또 자전거는 맑은 날에 타는 것이 안전하겠지요?

맑은 날에 타요
안전을 위해 어두운 밤이나 눈, 비가 오는 날에는 타지 말아요.

자전거 전용

안전모와 보호구를 해요
머리를 보호하는 안전모와 팔꿈치, 무릎을 보호하는 보호구를 꼭 해요.

이해 ▶ □□□를 탈 때는 안전모와 보호구를 꼭 해요.

여러 가지 자전거 안전 규칙

준비 운동을 해요.

자전거를 타기 전에는 손목, 발목, 허리, 다리 등을 충분히 풀어 주는 준비 운동을 해요.

앞을 보며 타요.

앞을 잘 보면서 타고, 앞사람과 부딪히지 않도록 알맞게 떨어져서 타요.

한 줄로 타요.

여러 사람이 함께 탈 때는 한 줄로 타요. 뒷사람이 앞질러 나갈 때는 '따르릉' 신호를 주어야 해요.

내리막길은 내려서 걸어가요.

내리막길이나 오르막길, 횡단보도에서는 자전거에서 내려서 끌고 가요.

▶ 정답과 해설 39쪽

◉ 자전거를 타기에 알맞은 때에 ○표를 하세요.

맑은 날	비가 오는 날
어두운 밤	눈이 오는 날

◉ 자전거를 탈 때 주의할 내용에 모두 ○표를 하세요.

옆과 뒤만 보며 자전거를 탄다.	
여럿이 함께 탈 때는 한 줄로 탄다.	
내리막길에서는 자전거에서 내려서 끌고 간다.	

◉ 알맞은 말에 ○표를 하세요.

친구들과 자전거를 탈 때는 머리를 보호하는 (안전모 , 머리띠)와 팔꿈치, 무릎을 보호하는 보호구를 꼭 해야 한다.

3회 ②

안전띠를 매요

오늘은 시골에 계신 할머니댁에 가는 날이에요. 신나는 마음으로 자동차에 탔어요.

자리에 앉자마자 가장 먼저 안전띠를 맸어요. 아빠께서 안전띠를 매야 혹시라도 교통사고가 났을 때 안전띠가 몸을 고정시켜 주어 덜 다치고 생명을 지켜 준다고 하셨거든요. 나와 누나는 안전띠를 제대로 맸는지 다시 한 번 살펴보았답니다.

안전띠를 매는 방법
- 안전띠가 꼬이지 않도록 길게 잡아당겨요.
- 걸쇠를 밀어 넣어요. 이때 '딸깍' 하는 소리를 꼭 확인해요.
- 허리띠 부분은 골반에, 어깨띠 부분은 어깨 가운데를 지나도록 해요.

이해 ▶ 자동차를 안전하게 이용하려면 □□□를 바르게 매야 해요.

안전띠를 잘못 맨 경우

안전띠가 꼬여 있어요.

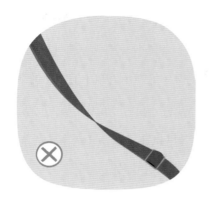

안전띠를 너무 느슨하게 맸어요.

어깨띠 부분이 목에 닿았어요.

안전띠를 두 사람이 매고 있어요.

◉ 다음 설명에 알맞은 말을 쓰세요.

> • 자동차를 타면 안전을 위해 꼭 매야 하는 것이다.
> • 자동차 의자에 몸을 고정시켜 준다.

◉ 알맞은 말에 ○표를 하세요.

> 안전띠를 맬 때는 허리띠 부분은 골반에, 어깨띠 부분은 (어깨 , 목) 가운데를 지나도록 한다.

◉ 알맞은 내용에 ○표를 하세요.

> 너무 답답하지 않도록 안전띠를 느슨하게 매야 한다.

> 안전띠의 걸쇠를 밀어 넣을 때 '딸깍' 하는 소리를 꼭 확인해야 한다.

4회 ①

안전한 체험 학습

생태 공원으로 체험 학습을 왔어요. 바람이 살랑살랑 불고, 꽃이 한들거렸어요. 유나가 신이 나서 꽃밭으로 뛰어 가려는데 갑자기 선생님께서 불렀어요. 선생님께서 밖에서는 안전 수칙을 잘 지켜야한다고 말씀하셨어요. 사람들이 많은 곳에서 어린이는 혼자 다니지 않고, 친구들이나 선생님과 함께 다녀야 한대요. 또 사람들이 많은 곳은 복잡하기 때문에 질서를 잘 지키는 것은 기본이고요.

질서를 지켜요
사람이 많으므로 차례대로 줄을 서요.

꽃을 보호해 주세요!

연못가에서는 조심하세요!

혼자 다니지 않아요
어린이가 혼자 다니면 길을 잃을 수도 있으므로 친구나 선생님과 함께 다녀요.

이해 ▶ 야외로 체험 학습을 갔을 때는 □□를 잘 지켜야 해요.

여러 가지 야외 안전 수칙

움직이기 편한 옷을 입어요.

바지, 체육복 등 움직이기 편한 옷을 입어요.

표지판의 주의 사항을 지켜요.

사고가 나지 않도록 표지판의 주의 사항을 잘 살펴보고 지켜요.

동식물을 함부로 만지지 않아요.

식물에 독이 있을 수도 있고, 동물에게 물릴 수 있기 때문에 함부로 만지면 안 돼요.

날씨가 나빠지면 집으로 돌아가요.

눈이나 비가 많이 내리거나 바람이 많이 불면 안전을 위해 집으로 돌아가요.

◉ 알맞은 말에 ○표를 하세요.

어린이가 (혼자 , 여럿이) 다니면 길을 잃을 수 있으므로 친구나 선생님과 함께 다녀야 한다.

◉ 체험 학습을 갈 때 알맞은 옷차림에 모두 ○표를 하세요.

편안한 체육복   잘 맞는 바지

움직이기 불편한 치마

◉ 야외 안전 수칙에 ○표를 하세요.

동물을 보면 만져도 된다.	
사람들이 많은 곳에서는 질서를 지킨다.	
표지판의 주의 사항은 지키지 않아도 된다.	

나의 하루, 일기

현아와 준수는 매일 자기 전에 일기를 써요. 그날그날 겪은 일과 그 일에 대한 생각이나 느낌을 쓴 글을 일기라고 해요. 하지만 일기에 하루 동안 겪은 일을 모두 쓰는 것은 아니에요.

일기에는 가장 기억에 남는 일 한 가지를 정해서 겪은 일이 잘 드러나게 써야 해요. 그리고 그 일과 관련하여 자신의 생각이나 느낌을 솔직하게 쓰는 것이 좋아요.

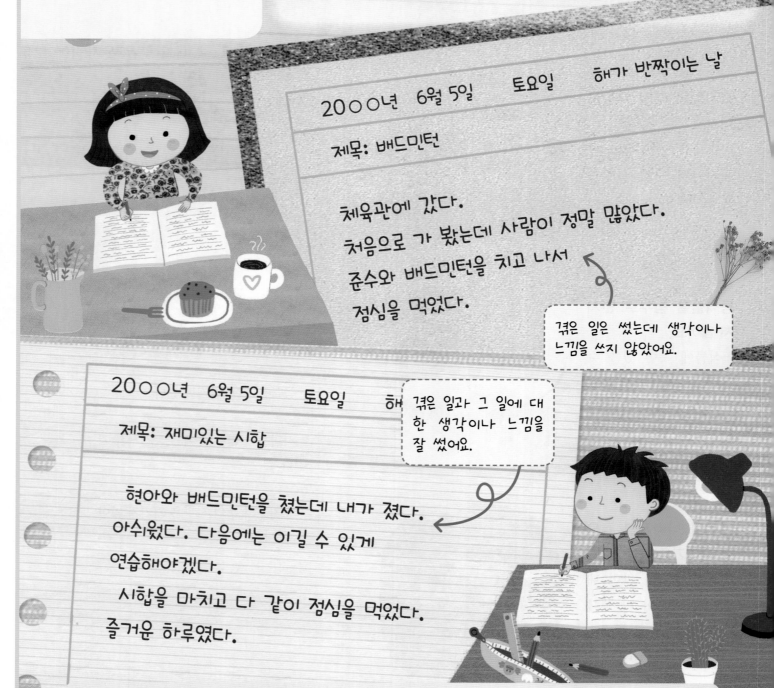

20○○년   6월 5일   토요일   해가 반짝이는 날

제목: 배드민턴

체육관에 갔다.
처음으로 가 봤는데 사람이 정말 많았다.
준수와 배드민턴을 치고 나서
점심을 먹었다.

겪은 일은 썼는데 생각이나 느낌을 쓰지 않았어요.

20○○년   6월 5일   토요일   해

제목: 재미있는 시합

현아와 배드민턴을 쳤는데 내가 졌다.
아쉬웠다. 다음에는 이길 수 있게
연습해야겠다.
시합을 마치고 다 같이 점심을 먹었다.
즐거운 하루였다.

겪은 일과 그 일에 대한 생각이나 느낌을 잘 썼어요.

이해▶ □□에는 그날 겪은 일에 대한 생각이나 느낌을 써야 해요.

▶ 정답과 해설 **42**쪽

일기에 들어가는 내용

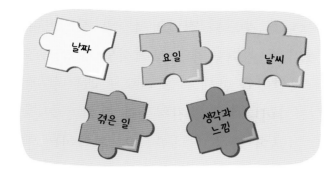

일기에는 날짜, 요일, 날씨와 겪은 일, 그 일에 대한 생각이나 느낌이 들어가요.

> 그림일기보다 줄글로 쓰는 일기에서 자신의 생각을 더 자세하게 쓸 수 있지.

겪은 일이 잘 드러나게 일기를 쓰는 방법

그날 겪은 일을 떠올려요.

일기를 쓸 때는 그날 겪은 일 중에서 가장 기억에 남는 일을 써요.

한 가지 일을 정해 쓸 내용을 정리해요.

언제, 어디에서, 누구와 있었던 일인지 떠올려 보고, 겪은 일과 그 일에 대한 생각이나 느낌을 정리해요.

정리한 내용을 바탕으로 일기를 써요.

날짜와 요일, 날씨를 먼저 쓰고, 정리한 내용을 중심으로 일기를 써요.

◉ 다음 설명에 알맞은 말을 쓰세요.

> 그날그날 겪은 일과 그 일에 대한 생각이나 느낌을 쓴 글을 말한다.

◉ 일기에 들어가는 내용에 모두 ○표를 하세요.

요일	날짜	받을 사람
날씨	쓰는 장소	

◉ 일기에 대한 설명에 ○표를 하세요.

> 직접 겪지는 않았지만 재미있었던 일을 한 가지 정해 모두 쓴다.

> 그날 겪은 일이 잘 드러나게 쓰고 그 일에 대한 생각이나 느낌을 쓴다.

우리는 **친척**이에요

친할아버지의 70세 생신을 기념하여 친척들이 모였어요. 서연이가 축하 노래를 부르니 친할아버지와 친할머니도 좋아하시고 큰아버지, 큰어머니와 고모께서도 활짝 웃으셨어요. 사촌 오빠도 서연이와 함께 큰 소리로 노래를 불렀어요.

친할아버지와 친할머니께서는 친척들과 함께 즐거운 시간을 보내서 아주 기분이 좋다고 하셨어요. 친할아버지와 친할머니께서 건강하게 오래오래 사셨으면 좋겠어요.

큰아버지
아버지의 형.

고모
아버지의 누나 또는 여동생.

큰어머니
아버지 형의 아내.

사촌
아버지 형제의 자녀.

이해 ▶ 큰아버지, 큰어머니, 고모, 사촌 등을 □□이라고 해요.

아버지와 관련된 친척 관계도 ///////////////////

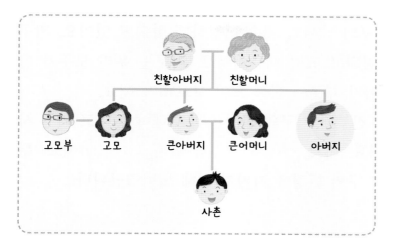

어머니와 관련된 친척 관계도 ///////////////////

외할아버지

어머니의 아버지예요.

외할머니

어머니의 어머니예요.

이모

어머니의 언니 또는 여동생이에요.

이모부

이모의 남편이에요.

외삼촌

어머니의 남자 형제예요.

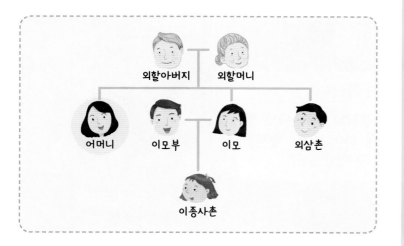

◉ 친척을 부르는 말에 모두 ◯표를 하세요.

고모	친구	사촌
선생님	큰어머니	이모부

◉ 다음 설명에 알맞은 말을 쓰세요.

- 아버지의 남자 형제이다.
- 아버지보다 나이가 많다.

◉ 알맞게 선으로 이으세요.

이모부	•		•	이모의 남편.

외삼촌	•		•	어머니의 남자 형제.

5회 ②

지구를 지키는 환경 운동가

"여름인데 너무 추워서 과일이 안 익어요."

이처럼 지구의 날씨가 계속 이상하게 바뀌고 있어요. 지구가 점점 오염되고 있기 때문이에요. 지구는 우리 모두가 함께 사는 곳이기 때문에 힘을 모아 보호해야 해요.

아주 오래 전부터 지구의 환경을 보호해야 한다고 외친 사람들이 있어요. 바로 레이철 카슨과 왕가리 마타이예요. 두 사람 모두 지구의 환경을 지키기 위해 노력했답니다.

레이철 카슨

살충제가 얼마나 위험한지를 널리 알려서 환경 보호 운동이 시작될 수 있도록 했어요.

왕가리 마타이

숲을 되살리기 위해 나무 심기 운동을 하여 지구의 환경을 살리는 데 앞장섰어요.

이해 ▶ 지구의 환경을 지키기 위해 노력한 레이철 카슨과 왕가리 마타이는 □□ 운동가예요.

레이철 카슨과 살충제 사용 반대

레이철 카슨은 살충제가 자연과 사람 모두에게 매우 위험하다는 것을 알고 더 이상 사용하면 안 된다고 했어요. 그 결과 살충제 사용이 금지되었고, 전 세계적으로 환경 보호 운동이 시작되었어요.

왕가리 마타이와 나무 심기 운동

왕가리 마타이는 나무를 많이 베어 내서 물이 부족해지고 메말라 버린 땅에서 힘들어하는 아프리카 사람들을 보고 나무 심기 운동을 시작했어요. 많은 사람들이 나무를 심어 숲이 점점 되살아나면서 아프리카의 환경은 점점 좋아졌어요.

지구 환경을 위한 우리의 노력

가까운 곳은 걷고 멀리 갈 때는 대중교통을 이용해요.

전기를 사용하지 않을 때는 플러그를 뽑아요.

겨울철이나 여름철에는 난방이나 냉방 온도를 알맞게 조절해요.

◉ 지구의 환경을 지키기 위해 노력한 사람을 모두 골라 ○표를 하세요.

주몽	레이철 카슨
포드	왕가리 마타이

◉ 알맞은 말에 ○표를 하세요.

왕가리 마타이는 메말라 버린 땅에서 힘들어하는 아프리카 사람들을 보고 (나무 심기 운동 , 바다 살리기 운동)을 시작했어요.

◉ 지구의 환경을 위한 노력에 ○표를 하세요.

전기를 사용하지 않을 때는 플러그를 뽑는다.	
여름철에는 냉방 온도를 최대한 많이 낮추는 것이 좋다.	

1 다음 구름의 이름은 무엇인가요? (   ) »············· 과학

① 뭉게구름
② 새털구름
③ 양떼구름
④ 안개구름
⑤ 비늘구름

2 다음 설명에 알맞은 말에 ○표를 하세요. »············· 과학

> 강이나 바다의 물이 햇빛을 받으면 작은 물방울이 되어 하늘로 올라간다. 이때 작은 물방울들이 모여서 (바람 , 구름)이 된다.

3 자연 보호를 해야 하는 까닭에 ○표를 하세요. »············· 과학

(1) 자연에서 얻을 수 있는 것을 비싸게 팔 수 있기 때문이다.   (   )
(2) 자연은 한번 망가지면 동물과 식물이 살아가기 힘들기 때문이다.   (   )

4 다음 설명에 알맞은 음식을 쓰세요. »············· 사회

> 채소와 고기를 얇게 썰어서 볶은 것에, 삶은 당면을 섞어서 먹는 음식이다.

(   )

▶ 정답과 해설 45쪽

5 세계 여러 나라의 음식을 알맞게 선으로 이으세요. 》 ─────────────── 사회

| 스시 | • | • | 밥에 식초, 설탕을 넣고 작게 뭉쳐 생선 등을 얹은 일본 음식. |

| 타코스 | • | • | 옥수숫가루 반죽을 구워 만든 토르티야에 채소, 고기 등을 싸 먹는 음식. |

6 각 나라에 알맞은 음식을 찾아 기호를 쓰세요. 》 ─────────────── 사회

| ㉮ 퍼 | ㉯ 피자 | ㉰ 위에뺑 |

(1) 중국: (   )　　　(2) 베트남: (   )　　　(3) 이탈리아: (   )

7 자전거를 탈 때 지켜야 할 점이 <u>아닌</u> 것은 무엇인가요? (   ) 》 ─────────────── 안전

① 어두운 밤에는 타지 않는다.
② 앞사람과 알맞게 떨어져서 탄다.
③ 안전모와 안전구를 꼭 해야 한다.
④ 여러 사람이 함께 탈 때는 한 줄로 탄다.
⑤ 횡단보도에서는 자전거를 탄 채로 길을 건넌다.

8 자동차를 탈 때 안전띠를 하는 까닭에 ○표를 하세요. 》 ─────────────── 안전

(1) 안전띠가 몸을 보호해 주어서 덜 다치기 때문이다.　　　　　　(   )
(2) 자동차의 앞뒤에 무엇이 있는지 더 잘 볼 수 있기 때문이다.　　(   )

9 그림에서 안전띠를 잘못 맨 까닭은 무엇인가요? (   ) » -------- 안전

① 안전띠가 꼬여 있다.
② 안전띠를 두 사람이 매고 있다.
③ 안전띠가 너무 짧게 매어져 있다.
④ 안전띠가 너무 느슨하게 매어져 있다.
⑤ 안전띠의 어깨띠 부분이 목에 닿았다.

10 체험 학습을 안전하게 하는 방법에 모두 ○표를 하세요. » -------- 안전

(1) 움직이기 편한 옷을 입는다.   (   )
(2) 어린이는 혼자 다니지 않는다.   (   )
(3) 동물을 보면 자세히 관찰하면서 만져 본다.   (   )

11 다음 설명에 알맞은 말에 ○표를 하세요. » -------- 국어

일기를 쓸 때는 그날 (겪은 일 , 상상한 일) 중에서 가장 기억에 남는 일을 쓴다.

12 일기의 내용을 알맞게 말한 친구의 이름을 쓰세요. » -------- 국어

기준: 일기에는 날짜, 요일, 날씨 등을 써. 그래야 나중에 일기를 다시 볼 때 언제 쓴 일
기인지 알 수 있어.
지예: 일기에는 오늘 다른 사람에게 있었던 일을 재미있게 꾸며서 쓰지. 재미있게 꾸며
서 쓰면 읽는 사람들이 좋아해.

(   )

▶ 정답과 해설 **46**쪽

13 친척을 부르는 말 중에서 다음 설명에 알맞은 말을 쓰세요. 》------------------ 사회

> 어머니의 남자 형제이다.

(   )

14 다음 설명에 알맞은 말에 ○표를 하세요. 》------------------ 사회

> 아버지의 여자 형제는 (고모 , 이모)라고 하고, 어머니의 여자 형제는 (고모 , 이모)
> 라고 한다.

15 두 사람이 한 일을 알맞게 선으로 이으세요. 》------------------ 사회

| 레이철 카슨 | • | | • | 아프리카의 환경을 위하여 나무 심기 운동을 했다. |

| 왕가리 마타이 | • | | • | 지구 환경을 위하여 살충제를 사용하면 안 된다고 했다. |

과학　여러 가지 구름

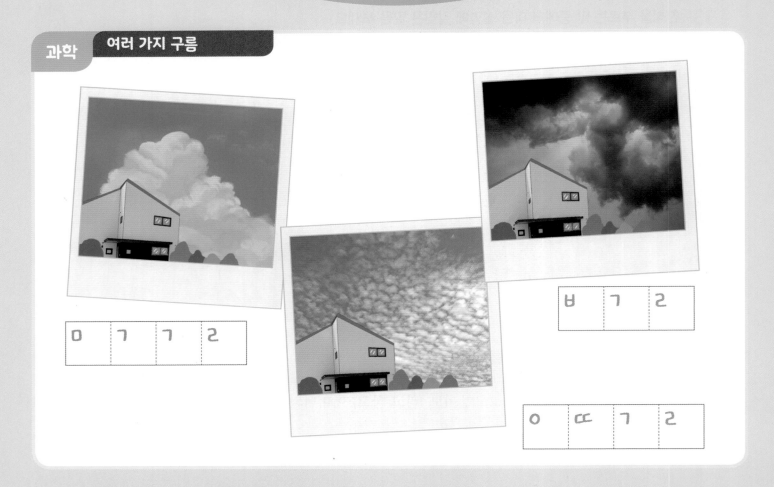

ㅁ	ㄱ	ㄱ	ㄹ

ㅂ	ㄱ	ㄹ

ㅇ	ㄸ	ㄱ	ㄹ

과학　자연을 지키는 노력, 자연 보호

ㅈ	ㅇ	ㅂ	ㅎ

를 해요.

사회 **맛있는 우리 음식**

사회 **세계 여러 나라의 음식**

꼭 지켜요, 자전거 안전

| ㅇ | ㅈ | ㅁ | 를 써요.

안전띠를 매요

| ㅇ | ㅈ | ㄸ | 를 매요.

20○○년 6월 5일   토요일   해가 반짝이는 날

제목: 재미있는 시합

　현아와 배드민턴을 쳤는데 내가 졌다.
아쉬웠다. 다음에는 이길 수 있게
연습해야겠다.
　시합을 마치고 다 같이 점심을 먹었다.
즐거운 하루였다.

| ㅇ | ㄱ |

사회 · 우리는 친척이에요

돈을 잃어 버렸어요

건이는 학교에서 준후를 일부러 피했어요. 그러던 어느 날, 준후가 건이를 따라왔어요.

"야, 최건! 너 왜 자꾸 날 피하냐?"

건이는 얘기를 못하고 머뭇거렸어요.

"너 자꾸 혼자 집에 가 버리고. 교실에서도 말을 잘 안 걸잖아?"

준후의 말이 맞았어요. 엄마가 준후네 집에 당분간 가지 말라고 해서 건이는 그동안 준후를 피한 것이었거든요. 건이는 그 말을 솔직하게 하기가 힘들었어요.

"최건, 도대체 왜 그러냐고?"

건이는 한숨을 쉬었어요. 준후보다 게임을 더 잘하려고 밤에 몰래 게임을 하다가 엄마한테 걸렸다고 말하기는 정말 싫었어요.

"무슨 일 있냐?"

준후가 다시 물었어요.

"그, 그게……. 사실은 며칠 전 밤에 게임하다가 엄마한테 들켜서 스마트폰을 빼앗겼어."

그 말을 들은 준후가 큭큭 웃었어요.

"넌 그런 걸 다 들키고 그러냐? 그건 그렇고, 요즘 왜 나하고 안 놀아?"

"그, 그게 아니고. 엄마가 당분간 너희 집에 가지 말라고 그래서. 자꾸 게임하고 논다고."

준후가 팍 인상을 썼어요.

"최건! 내가 나쁜 친구가 된 것 같아서 기분이 정말 나빠. 너랑 나랑 간식 먹고 게임 좀 한 것뿐인데. 우리가 뭐 나쁜 짓을 한 것도 아니고."

정말 그랬어요! 둘은 학교 끝나고 준후네 집에 가서 간식을 먹고 게임을 한 것뿐이었죠. 크게 나쁜 짓을 한 것도 아닌데, 엄마한테 혼나고 스마트폰을 뺏기고, 준후네 집도 못 갔지요. 왠지 건이는 그 모든 일이 억울하게 느껴졌어요.

"오늘 너랑 같이 게임하려고 했는데, 안 되겠네."

준후가 그렇게 말하고 홱 돌아섰어요. 그때 건이는 준후를 붙잡았어요. 건이에게 팔을 붙잡힌 준후가 돌아서며 물었어요.

"왜?"

"네가 화내니까."

"너 같으면 화 안 나겠냐? 내가 그렇게 나쁜 친구야?"

"아, 아냐. 내가 몰래 게임을 해서 엄마가 그러시는 거야."

"그러니까, 너는 그냥 집에 가라고. 나는 혼자 집에 갈 테니까."

준후 얼굴이 벌겋게 달아올랐어요. 엄청 화가 난 것 같았지요. 건이는 준후랑 사이가 나빠질까 봐 더럭 겁이 났어요.

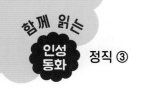

"준후야, 화내지 마. 내가 떡볶이 사줄 테니까. 우리, 엄마 분식에 가자."

건이는 주머니 속의 돈을 만지작거리며 말했어요. 그런 건이의 손이 조금 떨렸어요. 사실 그 돈은 준비물을 사라고 엄마가 아침에 주신 돈이었거든요. 그렇지만 준후의 마음을 달랠 다른 방법이 딱히 생각나지 않았어요. 얼떨결에 내뱉은 말이지만, 도로 주워 담기는 어려웠어요. 준후는 발밑만 내려다보고 있다가 결국 같이 가자고 했어요.

준후는 떡볶이를 잘 먹지도 않고 깨작거렸어요. 건이도 그랬어요. 그동안 거짓말 안 하는 착한 건이로 살아왔는데, 갑자기 거짓말을 마구 해 대는 나쁜 아이가 되어버린 거예요.

'내가 왜 이렇게 됐지?'

건이는 속으로 한숨을 쉬었어요. 그러면서도 오늘 엄마가 주신 돈으로 준후랑 떡볶이를 먹고 있었어요.

건이는 또 엄마한테 무슨 핑계를 대야 할지 앞이 캄캄했어요. 점점 나쁜 아이가 되어 가는 것 같았지요.

준후는 건성으로 떡볶이를 먹으면서 스마트폰을 꺼내 게임 동영상을 말없이 들여다 보고 있었어요. 건이는 떡볶이를 포크로 찌르고 있었지요.

"너, 학원 안 가냐? 학원 갈 시간 됐잖아?"

준후가 고개를 들어 건이를 보며 말했어요. 결국 둘은 말없이 헤어졌어요.

그날 저녁, 엄마가 건이에게 물었어요.

"건아, 내일 학교 갈 가방은 쌌니? 준비물은 샀고?"

"그, 그게······."

건이가 우물쭈물했어요.

"왜? 무슨 일 있어?"

"저, 그, 그게······. 아까 엄마가 주신 돈을 잃어버렸어요. 바지 주머니에 넣었는데······. 아무래도 어딘가 흘린 것 같아요."

엄마가 건이의 얼굴을 물끄러미 바라보더니, 다시 돈을 주셨어요.

"돈을 잃어버리지 않게 잘 챙겨야지. 내일 아침에 문구점에 들러서 준비물을 사서 가렴."

건이의 심장이 두근거렸어요. 또 엄마에게 거짓말을 한 거예요. 건이는 자꾸자꾸 자기가 더, 더, 더 나쁜 아이가 되는 것 같아서 마음이 불편했어요.

이어지는 내용은 140쪽에 >>>

4 주차

1회 사회

학습 계획일

① 나라를 대표하는 꽃	월	일
② 세계의 수도	월	일

2회 수학

학습 계획일

① 수와 자릿값	월	일
② 삼각형과 사각형	월	일

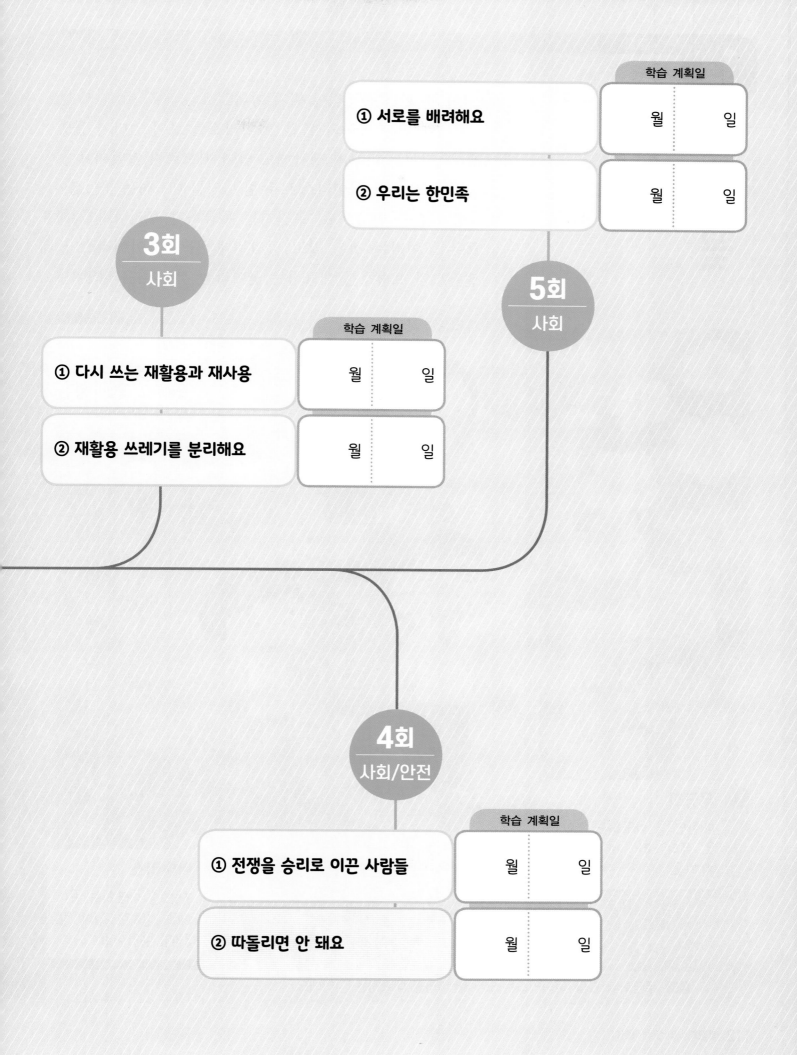

① 서로를 배려해요

학습 계획일

월 | 일

② 우리는 한민족

월 | 일

3회
사회

① 다시 쓰는 재활용과 재사용

학습 계획일

월 | 일

② 재활용 쓰레기를 분리해요

월 | 일

5회
사회

4회
사회/안전

① 전쟁을 승리로 이끈 사람들

학습 계획일

월 | 일

② 따돌리면 안 돼요

월 | 일

나라를 대표하는 꽃

"이 세 꽃의 공통점이 뭔지 아니?"

공원에 핀 무궁화와 튤립, 아이리스를 보며 엄마가 물었어요. 우진이는 아무리 생각해도 답이 떠오르지 않았어요.

"무궁화, 튤립, 아이리스 모두 한 나라를 대표하는 꽃이잖아."

형이 불쑥 말했어요. 우진이는 무궁화가 우리나라를 대표하는 꽃이라는 것은 알고 있었는데, 튤립과 아이리스가 네덜란드와 프랑스를 대표하는 꽃이라는 것은 처음 알았어요.

튤립
네덜란드를 대표하는 꽃이에요. 꽃잎이 왕관 모양을 닮았어요.

무궁화
대한민국을 대표하는 꽃이에요. 우리나라 어디서나 잘 자라요.

아이리스
프랑스를 대표하는 꽃이에요. 길쭉한 잎이 칼 모양을 닮았어요.

이해 ▶ 무궁화나 튤립, 아이리스는 모두 한 나라를 대표하는 □이에요.

나라를 대표하는 여러 가지 꽃

수레국화

독일을 대표하는 꽃으로, 꽃잎이 수레 바퀴처럼 생겼어요. 길가나 숲 등 아무 곳에서나 잘 자라요.

벚꽃

일본을 대표하는 꽃이에요. 꽃잎이 떨어질 때에는 눈이 내리는 것같이 예뻐요.

에델바이스

스위스를 대표하는 꽃이에요. 꽃잎이 부드러운 털이 난 별 모양이라서 '알프스의 별'이라고 불려요.

수선화

파키스탄을 대표하는 꽃으로, 꽃에서 기분 좋은 향이 나서 사람들이 좋아해요.

◉ 알맞은 말에 ○표를 하세요.

> 네덜란드를 대표하는 꽃으로, 꽃잎이 왕관 모양을 닮은 꽃은 (벚꽃 , 튤립)이다.

◉ 다음 설명에 알맞은 말을 쓰세요.

> • 우리나라를 대표하는 꽃이다.
> • 우리나라의 어느 곳에서나 잘 자란다.

◉ 나라와 꽃을 알맞게 선으로 이으세요.

독일	•	•	벚꽃
일본	•	•	튤립
스위스	•	•	수레국화
네덜란드	•	•	에델바이스

1회 ②

세계의 수도

런던에 사는 사촌 형이 우리집에 왔어요. 형은 런던이 어디에 있는지 세계 지도에서 알려 주었어요. 런던은 영국의 수도라고 해요. 수도는 한 나라의 중앙 정부가 있는 도시이고, 정치의 중심지예요. 나는 다른 나라의 수도가 궁금해서 형과 함께 지도에서 찾아보았어요.

우리나라의 수도는 서울이에요. 우리나라와 가까운 일본의 수도는 도쿄, 중국의 수도는 베이징이에요.

• 세계 지도 •

파리

베이징

도쿄

브라질리

서울
대한민국의 수도. 한강이 흐르고,
왕이 살았던 경복궁이 있어요.

런던
영국의 수도. 화려한 버킹엄 궁전
이 있고, 비가 자주 와요.

이해 ▶ 한 나라의 중앙 정부가 있는 도시를 □□라고 해요.

▶ 정답과 해설 52쪽

여러 나라의 수도

베이징

중국의 수도. 세계에서 가장 큰 성인 자금성이 있어요.

도쿄

일본의 수도. 가까운 곳에 후지산이 있고, 따뜻한 온천이 발달했어요.

브라질리아

브라질의 수도. 도시가 양 옆으로 날개를 펼친 비행기처 럼 생겼어요.

파리

프랑스의 수도. 도시의 중심에 센강이 흐르고 에펠 탑이 있어요.

◉ 알맞은 내용에 ○표를 하세요.

영국의 런던은 비가 자주 온다.	
중국의 베이징에는 에펠 탑이 있다.	

◉ 다음 설명에 알맞은 도시를 쓰세요.

- 대한민국의 수도이다.
- 한강이 흐르고, 경복궁이 있다.

◉ 나라와 수도를 알맞게 선으로 이으세요.

중국	•	•	파리
일본	•	•	도쿄
브라질	•	•	베이징
프랑스	•	•	브라질리아

수와 자릿값

손가락 수는 10개, 동화책은 386권……. 이렇게 셀 수 있는 사물을 세어서 나타낸 값을 '수'라고 해요. 10은 두 자리 수이고, 386은 세 자리 수예요. 수가 점점 커져도 자릿값만 잘 알고 있으면 복잡하지 않아요. 자릿값은 각 자리의 숫자가 나타내는 값인데, 같은 숫자라도 위치에 따라 나타내는 값이 달라요. 예를 들어 555라는 숫자에서 첫 번째 5는 500, 두 번째 5는 50, 마지막 5는 5를 나타내지요.

손가락 수는 10개

내 방에 있는 동화책은 386권

555는 백의 자리, 십의 자리, 일의 자리 숫자가 모두 5인 세 자리 수야.

555
백의 자리　십의 자리　일의 자리

이해 ▶ 셀 수 있는 사물을 세어서 나타낸 값을 □라고 해요.

세 자리 수를 읽는 방법

100이 ■, 10이 ▲, 1이 ●인 수는 ■▲●라 쓰고, ■백
▲십●라고 읽어요. '386'은 '삼백팔십육'이라고 읽어요.

세 자리 수의 자릿값

386에서 각 자리의 숫자가 나타내는 값이 바로 그 숫자
의 자릿값이에요.

백의 자리	십의 자리	일의 자리
100	10	1
3	8	6

3	0	0
	8	0
		6

3이 나타내는 값: 300

8이 나타내는 값: 80

6이 나타내는 값: 6

자릿값의 원리

오른쪽부터 왼쪽으로 한 자리씩 옮겨 가며 차례로 일,
십, 백이 돼요. 왼쪽으로 한 자리씩 옮겨 갈 때마다 10배
씩 커지는 거예요.

자리의 숫자가 0일 때 읽는 방법

읽지 않은 자리에는 0을 쓰고, 자리의 숫자가 0일 때는
읽지 않아야 해요.

읽기 ➡	오천	팔백		사
쓰기 ➡	5	8	0	4

쓰기 ➡	3	0	6	2
읽기 ➡	삼천		육십	이

여기에서
0은 빈 자리의
자릿값을 지키는
역할을 해요.

◉ 알맞게 선으로 이으세요.

276	•		•	구백일

901	•		•	이백칠십육

◉ 알맞은 수에 ○표를 하세요.

100이 7, 10이 3, 1이 6인 수는 (367 , 736 ,
763)이라고 쓴다.

◉ 알맞은 내용에 ○표를 하세요.

어떤 수에서 백의 자리 숫자가 0일
때 백의 자리 숫자는 읽지 않는다.

자릿값은 왼쪽으로 한 자리씩 옮겨
갈 때마다 100배가 커진다.

삼각형과 사각형

야호! 오늘 간식은 삼각형 모양과 사각형 모양의 샌드위치예요. 삼각형 모양은 햄 샌드위치이고, 사각형 모양은 치즈 샌드위치예요. 내가 먹고 싶은 샌드위치를 고르려면 삼각형과 사각형의 모양을 정확히 구분해야 해요. 삼각형이나 사각형에서 곧은 선은 변이라고 하고, 변과 변이 만나는 뾰족한 부분은 꼭짓점이라고 해요. 또 변과 꼭짓점이 3개인 모양은 삼각형이고, 변과 꼭짓점이 4개인 모양은 사각형이에요.

변과 꼭짓점이 3개인 모양은 삼각형이고, 변과 꼭짓점이 4개인 모양은 사각형이야.

꼭짓점

변

이해 ▶ 변과 꼭짓점이 3개인 모양을 □□□이라고 해요.

삼각형

삼각형은 곧은 선 3개로 둘러싸여 있어서 변이 3개, 꼭짓점도 3개예요.

사각형

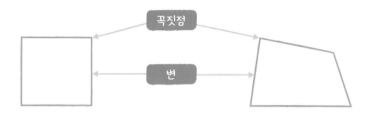

사각형은 곧은 선 4개로 둘러싸여 있어요. 그래서 사각형은 변이 4개, 꼭짓점도 4개예요.

삼각형과 사각형이 아닌 것을 구별해요

굽은 선이 있는 모양은 삼각형도, 사각형도 아니에요.

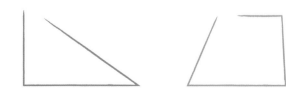

끊어진 부분이 있어도 삼각형도, 사각형도 아니에요. 삼각형이나 사각형은 반드시 곧은 선으로 둘러싸여 있어야 해요.

◉ 알맞은 말을 쓰세요.

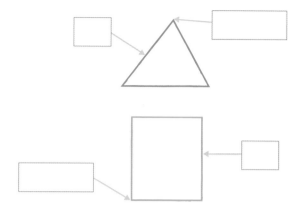

◉ 알맞은 것에 ○표를 하세요.

삼각형은 변이 (3 , 4)개, 꼭짓점이 (3 , 4)개이다.

◉ 사각형에 ○표를 하세요.

3회 ①

다시 쓰는 재활용과 재사용

우리는 물건을 쉽게 쓰고 쉽게 버려요. 그래서 쓰레기가 계속 늘고 있어요. 물론 쓰레기가 안 생길 수는 없어요. 하지만 노력하면 줄일 수 있어요. 쓰레기를 줄이기 위해서는 어떻게 해야 할까요?

먼저 버릴 물건을 다른 물건으로 되살려 쓰는 재활용을 하면 돼요. 또 버릴 물건을 그대로 다시 쓰는 재사용을 하면 쓰레기가 더 많이 생기는 것을 막을 수 있어요.

재활용
버릴 물건을 특별한 방법으로 손질하여 다른 물건으로 되살려 쓰는 것을 말해요.

재사용
버릴 물건을 손질하여 그대로 다시 쓰는 것을 말해요.

이해 ▶ □□□이란 버릴 물건을 손질하여 그대로 다시 쓰는 것을 말해요.

생활 속 재활용품

페트병으로 옷을 만들어요.

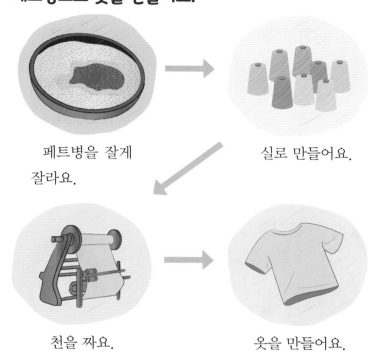

페트병을 잘게
잘라요.

실로 만들어요.

천을 짜요.

옷을 만들어요.

우유 팩으로 휴지를 만들어요.

우유 팩을 기계에 넣고 휴지로
만들 펄프를 얻어요.

펄프를 깨끗하게 소독해요.

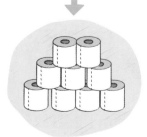

휴지를 만들어요.

◉ 페트병을 재활용하여 만들 수 있는 것에 ○표를 하세요.

> 옷   과자   과일

◉ 다음 설명에 알맞은 말을 쓰세요.

> • '이것'을 하면 쓰레기를 줄일 수 있다.
> • 버릴 물건을 손질하여 그대로 다시 쓰는 것을 말한다.

☐ ☐ ☐

◉ 알맞은 말에 ○표를 하세요.

> 버릴 물건을 특별한 방법으로 손질하여 다른 물건으로 되살려 쓰는 것을 (재활용 , 재사용)이 라고 한다.

3회 ②

재활용 쓰레기를 분리해요

　쓰레기를 버릴 때는 다시 쓸 수 있는 것과 그렇지 않은 것으로 나누어서 버려야 해요. 그래야 재활용 쓰레기를 따로 모을 수 있거든요.

　재활용 쓰레기는 다시 쓸 수 있는 쓰레기를 말하는데 재활용을 쉽게 하기 위해 종이, 플라스틱, 스티로폼 등 종류별로 나누어서 버려요. 재활용 쓰레기를 버리는 4가지 방법에는 비우기, 헹구기, 분리하기, 섞지 않기가 있어요.

분리하기
상표나 뚜껑을 없애요.

헹구기
물로 깨끗이 씻어요.

비우기
내용물을 모두 비워요.

섞지 않기
종이, 플라스틱, 병 등 종류별로 나누어요.

종이	비닐	캔, 병	플라스틱

이해 ▶ □□□ 쓰레기는 분리해서 버려야 해요.

쓰레기 분리배출 방법

종이

폐지와 우유 팩은 따로따로 버려요.

플라스틱

투명한 것과 색이 있는 것으로 나누어 버려요. 이때 상표는 모두 없애야 해요.

스티로폼

상표나 테이프를 떼어내고 깨끗한 스티로폼만 모아서 버려요.

비닐

깨끗한 비닐만 모아서 버리고, 더러운 것은 일반 쓰레기로 버려요.

◉ 다음 설명에 알맞은 말을 쓰세요.

> • 다시 쓸 수 있는 쓰레기를 말한다.
> • '이것'은 종류별로 나누어 버려야 한다.

◉ 재활용 쓰레기를 버리는 방법에 알맞게 선으로 이으세요.

비우기	•	•	물로 씻는다.
헹구기	•	•	내용물을 비운다.
분리하기	•	•	상표나 뚜껑을 없앤다.

◉ 재활용 쓰레기에 대한 알맞은 설명에 ◯표를 하세요.

종이는 폐지와 우유 팩으로 나누어 버린다.	

스티로폼은 지저분해도 재활용 쓰레기로 버린다.	

전쟁을 승리로 이끈 사람들

오늘은 우리나라 역사 속에서 전쟁을 승리로 이끈 사람에 대하여 발표하는 날이에요. 우리 모둠은 일본군과의 전투를 승리로 이끈 이순신 장군에 대해 발표했어요. 다른 모둠은 을지문덕 장군과 강감찬 장군에 대해 발표하네요. 모두 적군으로부터 나라를 지킨 훌륭한 분들이에요. 우리는 나라를 위해 어떤 일을 할 수 있을지 생각해 보아야겠어요.

이순신 장군
일본군과의 바다 전투에서 모두 이겼어요.

강감찬 장군
고려를 침략한 거란군을 물리쳤어요.

을지문덕 장군
고구려를 침략한 수나라 군대를 무찔렀어요.

이해 ▶ 우리나라 역사 속에서 □□을 승리로 이끈 인물에는 이순신, 강감찬, 을지문덕이 있어요.

우리나라를 지킨 장군들

을지문덕 장군

을지문덕 장군은 고구려의 장군이에요. 수나라가 고구려에 쳐들어왔을 때 을지문덕 장군이 이끄는 고구려군이 수나라 군대를 크게 무찔렀어요.

강감찬 장군

강감찬 장군은 고려의 장군으로, 거란군이 고려를 침략했을 때 크게 이겨 고려를 지켰어요. 이때 강감찬 장군은 강물을 이용하여 10만 명이나 되는 거란군을 물리쳤다고 해요.

이순신 장군

이순신 장군은 조선의 장군으로, 일본군을 상대로 큰 승리를 거두었어요. 이순신 장군은 동네 주민들에게 강강술래를 하며 빙글빙글 돌게 하여 군사가 많은 것처럼 보이게 하고, 바다의 물살이 세서 배가 움직이기 힘든 곳으로 일본군의 배를 꾀어내는 방법으로 전투에서 이길 수 있었다고 해요.

거북선의 모양

거북선은 이순신 장군이 전쟁에서 사용한 배예요. 배의 머리는 용 모양이고, 배의 몸체는 거북 등 모양의 두꺼운 덮개를 덮어 밖에서는 배 안을 볼 수 없게 만들었어요. 또 덮개 위에는 뾰족한 송곳을 꽂아서 적군의 공격에 대비하였어요.

거북선은 전투를 큰 승리로 이끌었어.

◉ 알맞게 선으로 이으세요.

을지문덕 ·   · 고려

강감찬 ·   · 고구려

◉ 다음 설명에 알맞은 사람을 쓰세요.

- 조선의 장군이다.
- 일본과의 바다 전투에서 모두 이겼다.

◉ 알맞은 내용에 ○표를 하세요.

강감찬 장군은 강물을 이용하여 거란군에게 이겼다.

이순신 장군은 높고 험한 산을 이용하여 일본군을 물리쳤다.

따돌리면 안 돼요

여러 명의 아이가 한 친구에게만 말도 안 하고 같이 놀지도 않고 따돌리는 것을 본 적이 있나요? 이런 행동은 놀리거나 괴롭히는 것만큼이나 나쁜 행동이에요. 친구를 따돌리면 그 친구는 외롭고 슬퍼져요. 또 친구가 따돌림을 당하는 모습을 보는 내 마음도 불편해지지요.

우리 모두 친구를 따돌리지 말고 서로 사이좋게 지내기로 약속해요.

따돌림을 당하면
화가 나고, 슬프고, 우울해져요.

친구를 따돌리면
친구에게 미안하고, 후회가 되어요.

이해 ▶ 한 친구에게만 말도 안하고 놀지도 않는 것은 친구를 ☐☐☐☐☐ 행동이에요.

친구를 따돌리는 행동을 막는 방법

한 친구를 따돌리자는 말을 들었을 때

친구를 따돌리는 것은 나쁜 행동이라고 말하고, 그 말에 따르지 않아요.

친구가 따돌림을 당할 때

따돌림을 당하는 친구의 편을 들어주고, 먼저 다가가요.

친구에게 따돌림 당했을 때 할 일

- 화를 내지 말고 침착하게 행동해요.
- 괴롭히는 친구에게 자신감 있게 행동해요.
- 괴롭히는 친구들에게 자신의 생각을 분명하게 말해요.
- 따돌림이 계속되면 선생님이나 어른들께 도와 달라고 해요.

따돌림을 당했을 때는 혼자 해결하지 말고 도움을 요청해.

◉ 친구를 따돌렸을 때의 마음에 ○표를 하세요.

친구를 따돌리면 미안한 마음이 든다.	

친구를 따돌리는 행동을 하면 기분이 즐겁다.	

◉ 알맞은 말에 ○표를 하세요.

따돌림을 당하는 친구가 있으면 먼저 (다가간다 , 모른 척한다).

◉ 자신이 따돌림을 당했을 때 해야 할 일에 ○표를 하세요.

따돌리는 친구에게 선물을 한다.	

선생님이나 어른들께 도와 달라고 말한다.	

서로를 **배려**해요

사람은 혼자서 살 수 없기 때문에 함께 어울려 살아야 해요. 그래서 약속을 만들어 지키고, 서로 배려하며 살아가지요. 배려란 마음을 써서 다른 사람을 도와주고 보살펴 주는 것을 말해요. 사람들이 자기가 하고 싶은 대로만 행동하면 많은 사람들이 괴롭지만 서로를 배려하여 행동하면 모두 행복할 수 있어요. 특히 여럿이 지내는 학교에서는 서로 배려해야 사이좋게 지낼 수 있답니다.

배려

마음을 써서 다른 사람을 도와주고 보살펴 주는 것을 말해요.

이해 ▶ 사람들이 자기가 하고 싶은 대로만 행동하면 많은 사람들이 괴롭지만 서로를 □□하면 모두 행복해져요.

생활 속에서 배려하는 방법

문을 열고 닫을 때는 뒷사람을 위해 문을 잡아 주어요.

눈이 오면 길을 지나다니는 사람들을 위해 길가의 눈을 치워요.

지하철이나 버스에서 노인이나 임산부에게 자리를 양보해요.

화장실에 줄을 서 있을 때 급한 사람이 있으면 먼저 양보해요.

◉ 다음 설명에 알맞은 말을 쓰세요.

> 마음을 써서 다른 사람을 도와주고 보살펴 주는 것을 말한다.

◉ 배려하는 행동에 ○표를 하세요.

> 문을 열고 닫을 때는 뒷사람을 위해 문을 잡아 준다.

> 눈이 오면 녹기 전까지 길가의 눈을 절대로 치우지 않는다.

◉ 알맞은 말에 ○표를 하세요.

> 화장실에 줄을 서 있을 때 급한 사람에게 먼저 (모른 척 , 양보)하는 것이 배려하는 행동이다.

우리는 한민족

북한 사람들도 김치를 먹을까요?

답은 "네."예요. 북한에 사는 사람들도 우리처럼 김치를 먹고, 한복도 입어요. 또 생김새도 비슷하고, 같은 말과 글을 사용해요.

남한과 북한은 오랜 역사를 함께한 같은 한민족이에요. 지금은 오랜 기간 동안 자유롭게 오고 가지 못하고 있지만 통일을 위한 노력은 계속되고 있답니다.

북한
한반도의 북쪽 지역을 가리키는 말이에요.

통일
남한과 북한이 서로 하나가 되어 돕고 사는 것이에요.

남한
한반도의 남쪽 지역을 가리키는 말이에요.

이해▶ 남한과 북한은 같은 말과 글을 사용하는 □□□이에요.

남한과 북한의 공통점

한글을 사용해요.

밥, 김치, 냉면 등 먹는 음식이 같아요.

씨름, 윷놀이와 같은 전통 놀이를 해요.

설날, 추석과 같은 명절을 지내요.

통일을 해야 하는 이유

이산가족들이 만날 수 있어요.

남한과 북한에서 오랜 시간 동안 떨어져 지냈던 이산가족들이 서로 만날 수 있어요.

자유롭게 오고 갈 수 있어요.

통일이 되면 한반도의 남쪽과 북쪽을 모두 자유롭게 가 볼 수 있어요.

◉ 다음 설명에 알맞은 말을 쓰세요.

> 남한과 북한이 서로 하나가 되어 돕고 사는 것을 말한다.

◉ 알맞은 내용에 ○표를 하세요.

> 남한과 북한은 둘 다 한글을 사용한다.

> 씨름, 윷놀이와 같은 전통 놀이는 남한에서만 한다.

◉ 알맞은 말에 ○표를 하세요.

> 통일이 되면 남한과 북한에서 오랜 시간 동안 떨어져 지냈던 (다문화가족, 이산가족)이 서로 만날 수 있다.

1 다음 설명에 알맞은 꽃은 무엇인가요? (   ) » · 사회

> • 스위스를 대표하는 꽃이다.
> • 꽃잎이 별 모양이라서 '알프스의 별'이라고 불린다.

① 튤립   ② 수선화   ③ 수레국화   ④ 아이리스   ⑤ 에델바이스

2 다음 중 알맞은 내용에 모두 ○표를 하세요. » · 사회

(1) 튤립은 네덜란드를 대표하는 꽃이다.   (   )
(2) 프랑스를 대표하는 꽃은 아이리스이다.   (   )
(3) 수선화는 일본을 대표하는 꽃으로, 기분 좋은 향이 난다.   (   )

3 나라와 수도를 알맞게 선으로 이으세요. » · 사회

영국	•		•	서울
대한민국	•		•	런던

4 다음 설명에 알맞은 말에 ○표를 하세요. » · 수학

> 100이 3, 10이 5, 1이 4인 수는 (354 , 435)라고 쓰고, (삼백오십사 , 사백삼십오)라고 읽는다.

▶ 정답과 해설 **61**쪽

5 수를 읽고 쓰는 방법으로 알맞은 것은 무엇인가요? (   ) »---------------------- 수학

① 칠백은 7000이라고 쓴다.

② 704는 칠백사라고 읽는다.

③ 삼백오십은 305라고 쓴다.

④ 205는 이백오십이라고 읽는다.

⑤ 2701은 이천칠십일이라고 읽는다.

6 다음 중 삼각형을 모두 찾아 기호를 쓰세요. »---------------------- 수학

(,   )

7 다음 설명에 알맞은 말에 ○표를 하세요. »---------------------- 사회

버릴 물건을 특별한 방법으로 손질하여 다른 물건으로 되살려 쓰는 것을 (재활용 , 재사용)이라고 하고, 버릴 물건을 손질하여 그대로 다시 쓰는 것을 (재활용 , 재사용)이라고 한다.

8 재활용 쓰레기를 버리는 방법으로 알맞은 것에 모두 ○표를 하세요. »---------------------- 사회

(1) 종이는 폐지와 우유 팩을 따로 버린다.   (   )

(2) 비닐은 재활용하지 않고 모두 일반 쓰레기로 버린다.   (   )

(3) 플라스틱은 투명한 것과 색이 있는 것으로 나누어 버린다.   (   )

9 재활용 쓰레기를 버리는 방법으로 알맞지 <u>않은</u> 것은 무엇인가요? (   ) »-------- 사회

① 물로 깨끗이 씻는다.

② 내용물을 모두 비운다.

③ 상표나 뚜껑을 없앤다.

④ 더러워도 재활용 쓰레기로 버린다.

⑤ 종이, 플라스틱, 병 등을 종류별로 나눈다.

10 다음 설명에 알맞은 사람의 이름을 쓰세요. »-------- 사회

> • 고려의 장군이다.
> • 강물을 이용하여 거란군을 크게 이겼다.

(   )

11 거북선에 대한 설명에 모두 ○표를 하세요. »-------- 사회

(1) 이순신 장군이 전쟁에서 사용한 배이다.   (   )

(2) 배의 머리는 거북 모양이고, 배의 몸체는 용의 등 모양이다.   (   )

(3) 배의 몸체에는 뾰족한 송곳을 꽂아 적군의 공격에 대비하였다.   (   )

12 친구를 따돌리는 행동을 막는 방법을 바르게 말한 친구의 이름을 쓰세요. »-------- 안전

> 민주: 친구가 다른 친구를 따돌리면 그것은 나쁜 행동이라고 말할 거야.
> 도준: 한 친구가 따돌림을 당하고 있으면 나도 함께 그 친구를 따돌릴 거야.

(   )

▶ 정답과 해설 **62**쪽

13 배려를 하는 방법에 모두 ○표를 하세요. » ‑‑‑‑‑‑‑‑‑‑‑‑‑‑‑‑‑‑‑‑‑‑‑‑‑‑‑‑‑‑‑‑‑‑‑‑‑ 사회

(1) 눈이 오면 길가의 눈을 치운다.　　　　　　　　　　　(　　　)

(2) 버스에서는 노인이나 임산부에게 자리를 양보한다.　 (　　　)

(3) 문을 열고 닫을 때는 뒷사람을 위해 빨리 문을 닫는다.　 (　　　)

14 다음 중 배려를 해야 하는 까닭을 두 가지 고르세요. (　　　 , 　　　) » ‑‑‑‑‑‑‑‑‑‑‑‑ 사회

① 나 혼자 편하게 살기 위해서이다.

② 사람들이 함께 어울려서 살기 위해서이다.

③ 자기가 하고 싶은 대로만 하며 살기 위해서이다.

④ 다른 사람들과 함께 모두 행복하기 위해서이다.

⑤ 다른 사람이 편하게 지내는 것을 방해하기 위해서이다.

15 다음 설명에 알맞은 말에 ○표를 하세요. » ‑‑‑‑‑‑‑‑‑‑‑‑‑‑‑‑‑‑‑‑‑‑‑‑‑‑‑‑‑‑‑‑‑‑ 사회

　　우리나라가 통일을 위한 노력을 계속하는 까닭은 남한과 북한이 오랜 역사를 함께한 같은 (한민족 , 다문화)이기 때문이다.

사회 나라를 대표하는 꽃

| ㅌ | ㄹ |

| ㅁ | ㄱ | ㅎ |

| ㅇ | ㅇ | ㄹ | ㅅ |

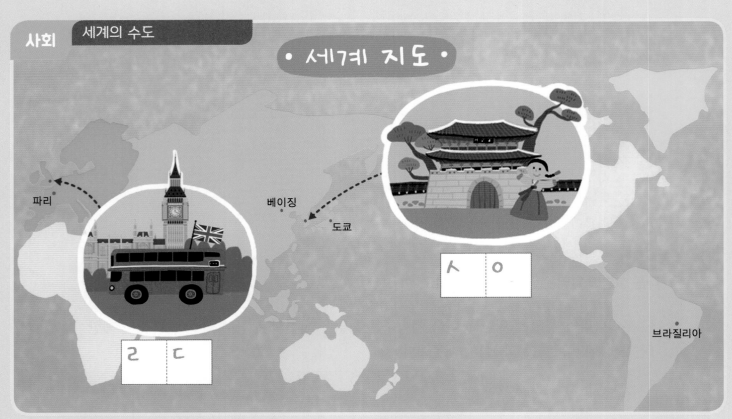

사회 세계의 수도

• 세계 지도 •

파리

베이징

도쿄

| ㅅ | ㅇ |

| ㄹ | ㄷ |

브라질리아

▶ 정답과 해설 63쪽

수학 삼각형과 사각형

ㅅ	ㄱ	ㅎ

ㅅ	ㄱ	ㅎ

사회 다시 쓰는 재활용과 재사용

ㅈ	ㅎ	ㅇ
을 해요.

ㅈ	ㅅ	ㅇ
을 해요.

사회 재활용 쓰레기를 분리해요

상표나 뚜껑을

ㅂ	ㄹ	ㅎ	ㄱ

안전 따돌리면 안 돼요

ㄸ	ㄷ	ㄹ	ㅁ

안 돼요.

사회 서로를 배려해요

친구와 서로 ㅂ ㄹ 해요.

사회 우리는 한민족

ㅌ ㅇ 을 위해 노력해요.

함께 읽는
인성 동화 정직 ④

엄마, 제가 잘못했어요!

건이는 학교에서 배가 아파서 데굴데굴 구를 지경이었어요.

'어제 피자를 먹어서 그런가.'

건이는 언뜻 그런 생각을 했지요. 그렇지만 아픈 건 조금도 나아지지 않고 더 심해졌어요. 건이가 배를 움켜쥐고 식은땀을 줄줄 흘렸어요. 머리도 빙글 빙글 도는 것 같았지요. 준후가 그런 건이를 뚫어지게 쳐다보았어요.

"선생님, 건이가 어디 아픈가 봐요!"

준후가 큰소리로 말했어요. 곧 선생님이 달려오셨지요.

"건아, 왜 그래? 어디가 아파?"

"서, 선생님! 머리도 어지럽고, 배, 배도 아파요!"

건이는 선생님과 함께 보건실로 갔어요. 놀란 준후도 따라왔지요. 보건 선생님은 건이를 의자에 앉히고 여러 가지를 물어보셨어요. 건이의 증상를 들은 보건 선생님께서 말씀하셨어요.

"아무래도 장염인 것 같아요. 부모님께 전화를 하셔야 할 것 같아요."

건이가 아프다는 얘기를 듣고 엄마가 얼른 달려오셨어요. 엄마는 아픈 건이의 손을 잡고 있는 준후를 보고 조금 놀라신 것 같았어요. 그렇지만 아픈 건이를 보자 준후에게는 아무 말도 할 겨를이 없었지요.

건이는 그 길로 병원에 입원했어요. 엄마가 회사에 휴가를 내고 건이를 보살피셨어요. 이틀이 지나고, 팔에 꽂았던 주사를 뽑고 나니 건이는 날아갈 것 같았어요. 며칠간 제대로 못 자서 피곤하셨는지, 엄마는 옆의 보조 침대에서 쿨쿨 주무시고 계셨지요. 창을 뚫고 들어온 햇살이 엄마의 얼굴을 비췄어요. 건이는 엄마의 얼굴을 찬찬히 살폈어요. 아픈 자기를 보살피던 엄마의 따스한 손길이 떠올랐어요. 건이는 그동안 자신이 한 행동을 돌아봤어요.

꾀병을 부려서 학원을 빠진 일, 스마트폰으로 밤에 게임을 한 일, 준비물 살 돈으로 떡볶이를 사 먹은 일…….

건이는 거짓말을 하는 동안 늘 가슴이 두근거렸어요. 엄마에게 거짓말을 하는 것도 싫었어요. 거짓말을 하기 위해 억지로 이야기를 지어내는 것도 정말 싫었지요. 엄마는 건이의 거짓말을 알아차려서 혼을 내기도 했고, 잘 모르고 넘어간 일도 있었지요. 그동안 건이는 자기가 자꾸 나쁜 아이가 돼 가는 것 같아서 기분이 안 좋았어요.

'어떡하지? 내가 자꾸 나쁜 아이가 되어가는 것 같아. 이러다간 진짜 나쁜 아이가 되는 건 아닐까. 엄마한테 다 털어 놓을까?'

건이는 만약 그랬다가 엄마한테 크게 혼날까 봐 겁이 났어요. 그런데도 자꾸 마음속에서 누군가 말하는 것 같았지요, 이렇게요.

'건아, 솔직하게 털어 놔. 그래야 넌 다시 착한 아이가 될 거야.'

건이의 마음속에 착한 아이와 나쁜 아이, 두 아이가 있는 것 같았지요.

그때 간호사 선생님이 들어와 엄마를 깨웠어요.

"건이 어머님, 오늘 건이 퇴원이에요."

건이와 엄마는 며칠 만에 집으로 돌아왔어요.

"건아, 엄마가 얼른 죽을 쑤어 줄게."

엄마는 집에 들어서자마자 건이의 점심을 준비하기 위해 부엌으로 갔어요. 건이는 쫄래쫄래 엄마를 따라가 뒤에서 엄마를 꼭 안았어요.

"아이고, 건아. 갑자기 왜 엄마를 껴안고 그래, 아기같이?"

갑작스런 건이의 행동에 엄마가 웃으며 말씀하셨어요.

"그냥. 엄마가 좋아서 그래. 엄마가 좋아."

건이는 엄마가 쑤어 준 죽을 한 그릇이나 먹었어요. 그걸 본 엄마가 활짝 웃으셨어요. 건이는 새삼스레 거실을 둘러봤어요. 거실 탁자에는 건이가 만든 컵이 놓여 있었고, 거실 벽에는 건이의 사진이 여러 개 걸려 있었어요. 그 한 쪽에는 "정직하게 살자!"라고 아빠가 쓴 붓글씨 액자가 놓여 있었어요.

건이의 마음속에서 착한 아이가 속삭였어요.

'건아, 엄마한테 사실대로 다 말해. 그래야 마음이 편해질 거야. 저기 저 붓글씨 보이지? 정직하게 살자. 자꾸 거짓말을 하면 결국 그 거짓말이 널 삼켜 버릴 거야. 그러면 넌 평생 마음이 불편할 거야.'

건이는 서성거리다가 부엌에 계시는 엄마한테 다가갔어요.

"왜, 건아? 뭐 필요한 거 있어? 아직도 아파?"

엄마가 걱정스레 물으셨어요.

건은 그동안의 일을 엄마한테 모두 털어놓았어요.

배가 아프다고 핑계를 대고 준후네 놀러간 일, 스마트폰으로

밤새 게임을 한 일, 준비물 살 돈으로 떡볶이를 사 먹은 일들을 낱낱이 얘기했어요.

　엄마는 건이의 말을 듣고 얼굴이 하얘졌다가,

건이를 꼭 안아 주셨어요. 건이는 엄마 품에 안겨 와락 눈물을 쏟았어요.

　"건아, 엄마는 너를 사랑한단다. 엄마는 다른 무엇보다도 정직하고 거짓말 안 하는 아들이 더 좋아. 우리 건이, 그동안 거짓말을 하는 게 얼마나 힘든 일인지 깨달은 것 같으니 이번엔 아무 말 안하고 우리 아들을 믿을게. 이제 그런 거짓말을 다시는 안 할 거지?"

　건이는 퉁퉁 부은 얼굴로 말없이 고개를 끄덕였어요. 그날 밤, 건이는 비로소 편히 잠들 수 있었어요.

1단계에서 배운 내용 다시 보기

1주차

1	①	사회	예절을 지켜요
	②	사회	함께하는 가족 행사
2	①	과학	여러 가지 씨앗
	②	과학	싹이 나고 꽃이 피어요
3	①	사회	옛날 사람들의 생활 모습
	②	사회	궁금해요, 세계의 국기
4	①	국어	글자를 만들어요
	②	국어	글을 써 보아요
5	①	사회	우리나라의 세시 풍속
	②	사회	닮은 듯 다른 음악가

2주차

1	①	사회	우리나라의 민속놀이
	②	사회	세계의 전통 놀이
2	①	안전	대중교통을 안전하게 이용해요
	②	과학	동물들의 겨울나기와 겨울잠
3	①	사회	아끼고 절약해요
	②	사회	물건을 정리해요
4	①	국어	재미있는 흉내 내는 말
	②	국어	문장 부호를 사용해요
5	①	사회	가족이 된 반려동물
	②	사회	교통수단을 발전시킨 사람들

3주차

1	①	과학	여러 가지 구름
	②	과학	자연을 지키는 노력, 자연 보호
2	①	사회	맛있는 우리 음식
	②	사회	세계 여러 나라의 음식
3	①	안전	꼭 지켜요, 자전거 안전
	②	안전	안전띠를 매요
4	①	안전	안전한 체험 학습
	②	국어	나의 하루, 일기
5	①	사회	우리는 친척이에요
	②	사회	지구를 지키는 환경 운동가

4주차

1	①	사회	나라를 대표하는 꽃
	②	사회	세계의 수도
2	①	수학	수와 자릿값
	②	수학	삼각형과 사각형
3	①	사회	다시 쓰는 재활용과 재사용
	②	사회	재활용 쓰레기를 분리해요
4	①	사회	전쟁을 승리로 이끈 사람들
	②	안전	따돌리면 안 돼요
5	①	사회	서로를 배려해요
	②	사회	우리는 한민족

배경지식이

문해력이다

1단계

초등 1~2학년 권장

정답과 해설

EBS

당신의 문해력

1
주차

정답과 해설

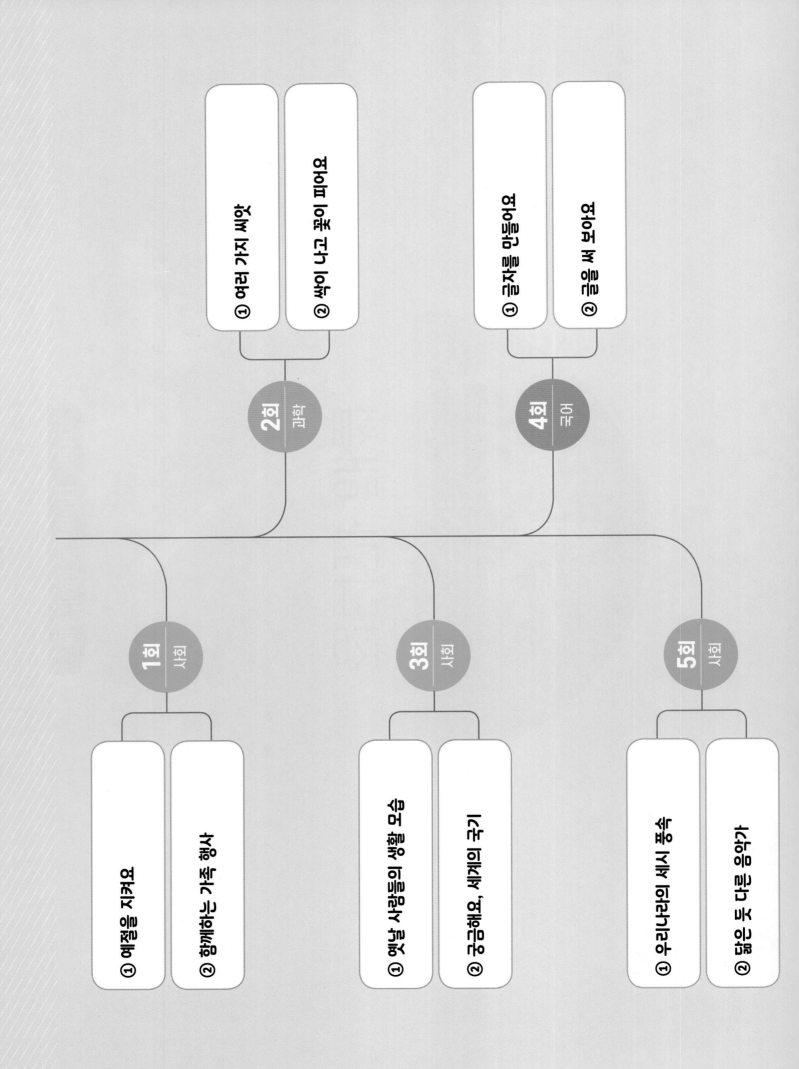

2회 과학
① 여러 가지 씨앗
② 쑥쑥 자라나는 풀잎 피어요

4회 국어
① 글자를 만들어요
② 글을 써 보아요

1회 사회
① 예절을 지켜요
② 함께하는 가족 행사

3회 사회
① 옛날 사람들의 생활 모습
② 궁금해요, 세계의 국기

5회 사회
① 우리나라의 세시 풍속
② 닮은 듯 다른 음악가

1회 ① 예절을 지켜요

사회

학교에 갈 때는 부모님께 어떻게 인사해야 하나요?

"학교에 다녀오겠습니다."라고 높임말로 인사해야 해요.

그럼, 웃어른과 함께 밥을 먹을 때는 어떻게 해야 하나요?

웃어른께서 먼저 식사를 시작하면 먹어요.

이렇게 예의 바르게 행동하는 것을 예절이라고 해요. 그리고 인사를 할 때 지켜야 할 예절은 인사 예절, 음식을 먹을 때 지켜야 할 예절은 식사 예절이라고 해요.

학교에 다녀오겠습니다!

인사 예절
학교에 갈 때는 부모님께 인사를 해요.

잘 먹겠습니다!

식사 예절
식사를 할 때는 웃어른께서 먼저 식사를 시작하며 먹어요.

TIP 다른 사람과 함께 생활할 때는 예절을 지키는 것이 중요합니다.

이해 웃어른께 높임말을 사용하고 예의 바르게 인사하는 것이 모두 □□이에요.
예절

인사 예절을 지키는 방법

상대방이 눈을 보며 밝은 표정으로 인사를 해요. 특히 웃어른께는 높임말을 쓰세요.

안녕하세요!

식사 예절을 지키는 방법

음식을 입에 넣은 채 말하지 않아요.

음식을 먹을 때는 "쩝쩝" 같이 먹는 소리를 내지 않아요.

집이나 음식점에서 식사를 할 때는 음식을 먹으면서 돌아다니지 않아요.

▲ 정답과 해설 3쪽

◉ 다음 설명에 알맞은 말을 쓰세요.

다른 사람에게 예의 바르게 행동하는 것을 말한다.

예	절

해설 예절은 다른 사람에게 예의 바르게 행동하는 것을 말합니다.

◉ 알맞은 말에 ○표를 하세요.

웃어른께 인사를 할 때는 (높임말), 낮춤말)을 쓴다.

해설 웃어른께 예의 바르게 인사를 하려면 높임말을 사용해야 합니다.

◉ 식사 예절을 지키는 방법에 ○표를 하세요.

□ 음식을 입에 넣고 말하면서 먹는다.

◉ 음식점에서 식사를 할 때는 음식을 먹으면서 돌아다니지 않는다.

해설 음식을 먹을 때는 음식을 입에 넣고 말을 하지 않습니다.

▶ 정답과 해설 4쪽

1회 ②

함께하는 가족 행사

사회

오늘은 내 생일이에요. 가족들과 함께 생일 케이크도 먹고 할머니께서 만들어 주신 맛있는 떡도 먹었다. 음식을 먹고 나서 가족 사진을 함께 보았어요. 엄마, 아빠의 멋진 결혼식 사진, 꼬마였던 나의 유치원 입학식 사진, 지금은 중학생인 오빠의 초등학교 졸업식 사진도 있었어요. 사진을 보니 즐거웠던 가족 행사가 떠올랐어요.

생일
세상에 태어난 날이에요.

입학식
유치원이나 학교의 학생이 되기로 약속하는 행사예요.

결혼식
두 사람이 부부가 되기로 약속하는 행사예요.

졸업식
유치원이나 학교에서 배우던 과정을 마친 것을 축하하는 행사예요.

이해해 생일, 결혼식, 입학식, 졸업식 등은 모두 ☐☐ 예요.
가족 행사

이렇게도 가족들이 함께하는 일은 모두 가족 행사에 포함됩니다.

많은 친척이 모이는 가족 행사

백일
아이가 태어난 날로부터 백일째 되는 날이에요.

돌
아이가 태어난 날로부터 한 해가 되는 날이에요.

환갑잔치
61살 생일을 축하하는 잔치예요.

제사
조상에게 음식을 바쳐 정성을 나타내는 행사예요.

◎ 알맞은 말에 ○표를 하세요.

세상에 태어난 날을 (생일), 백일 이라고 한다.

해설 세상에 태어난 날을 생일이라고 합니다.

◎ 가족 행사에 모두 ○표를 하세요.

졸업식   백일   돌   체험 학습   학교기념일

해설 돌, 졸업식, 백일이 가족 행사입니다. 체험 학습과 학교기념일은 가족 행사입니다.

◎ 알맞게 선으로 이으세요.

제사 ✕ 61살 생일을 축하하는 잔치.

환갑잔치 ✕ 조상에게 음식을 바쳐 정성을 나타내는 행사.

해설 61살 생일을 축하하는 잔치는 환갑잔치, 조상에게 음식을 바쳐 정성을 나타내는 행사는 제사입니다.

1주차 ①

2회

여러 가지 씨앗

과학

도윤이는 봉숭아씨, 나팔꽃씨, 분꽃씨, 옥수수씨를 관찰하고 있어요. 앞으로 쓰이 트면 새로운 풀이나 나무로 자랄 수 있는 것을 씨앗이라고 해요. 풀이나 나무는 씨앗을 멀리 퍼뜨리기 위해서 여러 가지 방법을 써요.

씨앗을 바람에 날려 보내기도 하고, 물에 띄워 보내기도 해요. 또 봉숭아처럼 씨앗이 탁 터질 때 씨앗도 함께 멀리 날려 보내기도 한답니다.

봉숭아씨
봉숭아의 씨앗. 작고 둥근 모양이에요.

나팔꽃씨
나팔꽃의 씨앗. 작은 박알처럼 생겼어요.

분꽃씨
분꽃의 씨앗. 검은 껍질 안에는 하얀 가루가 나 있어요.

옥수수씨
옥수수의 씨앗. 윗부분은 둥글고 양쪽 끝은 뾰족한 모양이에요.

이해 풀이나 나무를 기르고 싶으면 □에 □를 심어요. 씨앗

Tip 씨앗은 심으면 싹이 나고 줄기와 잎이 나고 꽃이 핍니다.

씨앗의 이동 방법

봉숭아나 완두콩은 꼬투리가 터지면 씨앗이 멀리 날아가서 떨어져요.

민들레 씨앗은 바람에 멀리 날아가요.

물가에 있는 씨앗은 물에 띄워 멀리까지 흘러 보내요.

동물이 먹는 열매의 씨앗은 동물의 몸과 함께 나와서 다른 곳으로 옮겨져요.

◉ 다음 설명에 알맞은 말을 쓰세요.

앞으로 쓰이 트면 새로운 풀이나 나무로 자랄 수 있는 것이다.

[씨] [앗]

해설 씨앗에 대한 설명입니다.

◉ 알맞은 말에 ○표를 하세요.

(옥수수씨, 봉숭아씨)는 작고 둥근 모양이고, 꼬투리가 터질 때 멀리 날아가면서 이동한다.

해설 봉숭아씨에 대한 설명입니다.

◉ 씨앗의 이동 방법에 모두 ○표를 하세요.

물에 띄워 보낸다. ○
바람에 멀리 날려 보낸다. ○
동물의 소리를 이용해서 옮긴다. □

해설 씨앗은 동물이 소리로 옮겨지지는 않습니다.

2회 ② 1주차

싹이 나고 꽃이 피어요

과학

하은이가 마당에 심은 씨앗에서 싹이 나고 꽃이 피었어요.

어린이가 자라면 청소년이 되고, 어른이 되는 것처럼 풀이나 나무도 마찬가지예요. 씨앗을 심으면 싹이 나고, 쑥쑥 자라서 줄기와 잎이 생기고 꽃이 피지요.

하지만 씨앗을 심는다고 해서 무조건 싹이 나고 꽃이 피는 것은 아니에요. 영양분이 많은 흙과 적당한 양의 물과 햇빛이 있어야 해요.

TIP 싹이 나고 꽃이 피기 위해서는 흙과 물, 햇빛이 필요합니다.

싹 (말풍선) 씨앗을 흙에 심으면 흙 속에 있던 씨앗에서 싹이 나와요. 리를 내리고 위로 쑥쑥 싹이 나와

꽃 (말풍선) 싹이 쑥쑥 자라면 줄기와 잎이 생기고 꽃이 피어요.

이해 씨앗을 심으면 □이 나고 쑥쑥 자라면 □이 피어요
싹 / 꽃

싹과 꽃

싹
씨앗에서 처음 돋아나는 어린잎이나 줄기를 말해요. 씨앗에서 먼저 뿌리가 난 다음, 싹이 나지요.

꽃
풀이나 나무에서 씨앗을 만들어내는 부분이에요. 생김과 모양이 여러 가지이고, 꽃이 지면 씨앗이 생겨요.

풀이나 나무가 자라기 위해 필요한 것

흙
흙 속에 있는 여러 가지 영양분은 싹이 나고 꽃이 피는 것을 도와주어요.

물
풀이나 나무는 흙 속에 있는 물을 뿌리들이 빨아들이면서 자라요. 비가 오지 않을 때는 알맞은 양의 물을 주어야 해요.

햇빛
풀이나 나무는 햇빛을 받아야 영양분을 만들 수 있어요. 이 영양분을 받아 싹이 자라고 꽃이 피는 것을 도와주어요.

● 알맞은 말에 ○표를 하세요.

씨앗을 흙에 심으면 땅속에 뿌리를 내리고 흙 위로 (싹), 물)이 난다.

해설 씨앗을 흙에 심으면 싹이 난다.

● 꽃에 대한 설명에 ○표를 하세요.

씨앗에서 처음 돋아나는 어린잎이나 줄기이다. □

풀이나 나무에서 씨앗을 만들어내는 부분이다. ○

해설 씨앗에서 처음 돋아나는 어린잎이나 줄기는 싹입니다.

● 풀이나 나무가 자라기 위해 꼭 필요한 것을 모두 골라 ○표를 하세요.

흙   (물)
(햇빛)
화분

해설 풀이나 나무가 자라는 데에 꼭 필요한 것은 흙, 물, 햇빛입니다.

사회

1주차 ①

3회

옛날 사람들의 생활 모습

가족들과 함께 민속촌에 왔어요. 민속촌에서는 옛날 사람들의 생활 모습을 한눈에 볼 수 있어요.

처음 보는 모습들도 많았어요. 농기구나 바구니를 파는 가게도 있고, 장터 한가운데에서는 씨름을 하고 있었어요. 옛날에 양반들이 타고 다니던 가마도 보이고, 말을 타고 달리는 모습도 보였어요. 또 북 장단에 맞추어 이야기를 하는 판소리 공연도 곳곳에서 열렸네요.

민속촌 장터

가마
옛날에 타던 앞뒤로 사람이 들어서 움직이는 탈것이에요.

판소리
소리꾼이 북치는 고수의 장단에 맞추어 대사와 소리로 이야기를 해 나가는 노래 공연이에요.

씨름
두 사람이 허리나 다리에 두른 띠나 바지춤을 샅바로 잡고 상대를 먼저 넘어뜨리면 이기는 경기예요.

TIP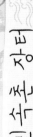

이해 민속촌에 오니 옛날 사람들의 □□□□을(를) 볼 수 있어요.
생활 모습

옛날의 여러 가지 생활 모습

갓
옛날에 어른이 된 남자가 머리에 쓰던 모자예요.

쓰개치마
옛날에 여자들이 외출할 때 쓰던 외출용 옷이에요.

엿
옛날에 간식으로 먹던 단맛이 나는 전통과자예요.

말 타기
옛날에는 빠르게 이동해야 할 때 말을 타고 달렸어요.

▶ 정답과 해설 7쪽

◉ 옛날 사람들이 생활에서 볼 수 있는 것에 모두 ○표를 하세요.

가마	연필	운동화
판소리	자전거	컴퓨터

해설 연필, 운동화, 컴퓨터, 자전거는 옛날 사람들이 사용했던 물건이 아닙니다.

◉ 다음 설명에 알맞은 말을 쓰세요.
• 소리꾼과 고수가 함께하는 노래 공연이다.
• 소리꾼이 대사와 소리로 이야기를 해 나간다.

판	소	리

해설 판소리는 소리꾼과 고수가 함께 대사와 소리로 이야기를 해 나가는 노래 공연입니다.

◉ 알맞은 말에 ○표를 하세요.
옛날에 타던 앞뒤로 사람이 들어서 움직이는 탈것은 (가마, 마차)이다.

해설 가마는 옛날 사람들이 멀리 이동할 때 타던 앞뒤로 사람이 들어서 움직이는 탈것입니다.

▶ 정답과 해설 8쪽

◉ 알맞은 말에 ○표를 하세요.

한 나라를 대표하는 깃발을 (국기) 국화 (이)라고 한다.

해설 국기는 한 나라를 대표하는 깃발입니다.

◉ 알맞은 설명에 ○표를 하세요.

대한민국의 태극기에는 태극무늬와 4괘가 있다. ◯

미국의 성조기에는 다섯 개의 별이 그려져 있다. □

해설 성조기에는 50개의 별이 그려져 있습니다.

◉ 알맞게 선으로 이으세요.

| 네팔의 국기 | ⟶ | 초승달과 별이 그려져 있다. |
| 터키의 국기 | ⟶ | 2개의 삼각형 모양으로 이루어져 있다. |

해설 네팔의 국기는 2개의 삼각형 모양으로 이루어져 있으며, 터키의 국기에는 초승달과 별이 그려져 있습니다.

또 다른 세계의 국기

영국의 국기, 유니언 잭

'합쳐진 깃발'이란 뜻이에요. 영국의 지역인 잉글랜드, 스코틀랜드, 아일랜드의 국기를 합쳐 만들었어요.

캐나다의 국기

빨간 세로줄은 태평양과 대서양을 뜻해요. 캐나다를 대표하는 단풍나무의 잎이 가운데에 그려져 있어요.

네팔의 국기

2개의 삼각형 모양에 초승달과 태양이 그려진 국기예요. 파랑은 평화를, 빨강은 행운을 뜻해요.

터키의 국기, 아이 일디즈

빨강 바탕에 흰색 초승달과 별이 그려진 국기예요. 아이는 '달', 일디즈는 '별'이라는 뜻이에요.

사회

3회 1주차 ②

궁금해요, 세계의 국기

한 나라를 대표하는 깃발을 국기라고 해요.

대한민국을 대표하는 국기인 태극기의 태극 무늬와 4괘는 우주와 하늘과 땅, 물과 불을 나타내요. 일본의 국기인 일장기의 빨간 원은 태양을 나타내요. 중국의 국기인 오성홍기의 별 다섯 개는 중국의 국민들을 뜻해요. 미국의 국기인 성조기에도 별이 있는데 새로운 지역이 생길 때마다 하나씩 늘어서 지금은 50개예요.

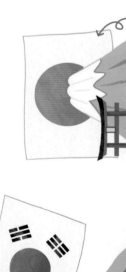

태극기
대한민국의 국기, 태극무늬와 4괘가 있어요.

성조기
미국의 국기, 줄 무늬에 50개의 별이 있어요.

오성홍기
중국의 국기, 큰 별 1개와 작은 별 4개가 있어요.

일장기
일본의 국기, 가운데에 빨간 원이 있어요.

TIP 나라마다 그 나라를 대표하는 국기가 있습니다.

이해 태극기, 일장기, 오성홍기, 성조기는 모두 그 나라를 대표하는 □□ 국기

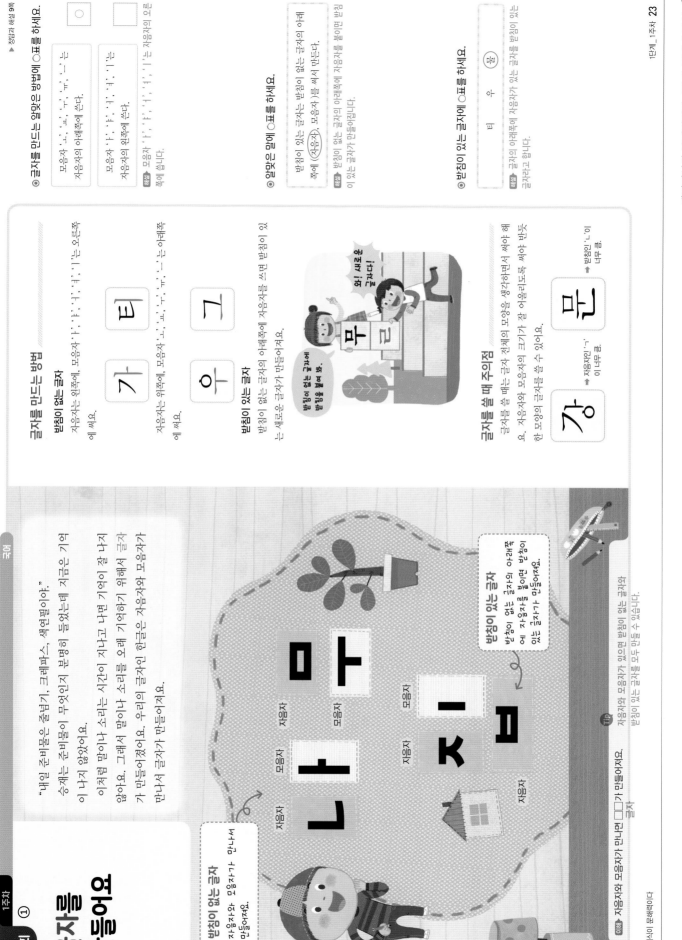

국어

4회 1주차 ①
글자를 만들어요

"내일 준비물은 줄넘기, 크레파스, 색연필이야."
승혜는 준비물이 무엇인지 분명히 들었는데 지금은 기억이 나지 않았어요.
이처럼 말이나 소리는 시간이 지나고 나면 기억이 잘 나지 않아요. 그래서 말이나 소리를 오래 기억하기 위해서 글자가 만들어졌어요. 우리의 글자인 한글은 소리를 기억하기 위해 자음자와 모음자가 만나서 글자가 만들어져요.

받침이 없는 글자
자음자와 모음자가 만나서 □가 만들어져요.

자음자 ㄴ 모음자 ㅏ → 나

자음자 ㅁ 모음자 ㅜ → 무

받침이 있는 글자
받침이 있는 글자는 자음자와 모음자 아래쪽에 자음자를 붙이면 받침이 있는 글자가 만들어져요.

자음자 ㅂ 모음자 ㅣ 받침 ㅈ

TIP 자음자와 모음자가 있으면 받침이 없는 글자와 받침이 있는 글자를 모두 만들 수 있습니다.

이해 자음자와 모음자가 만나면 □ 글자가 만들어져요.

글자를 만드는 방법

받침이 없는 글자
자음자는 왼쪽에, 모음자 'ㅏ, ㅑ, ㅓ, ㅕ, ㅣ'는 오른쪽에 써요.

가 타

자음자는 위쪽에, 모음자 'ㅗ, ㅛ, ㅜ, ㅠ, ㅡ'는 아래쪽에 써요.

우 그

받침이 있는 글자
받침이 없는 글자의 아래쪽에 자음자를 쓰면 받침이 있는 새로운 글자가 만들어져요.

받침이 없는 글자에 받침을 붙여 봐.
와 새로운 글자다!
무ㄹ

글자를 쓸 때 주의점
글자를 쓸 때는 글자 전체의 모양을 생각하면서 써야 해요. 자음자와 모음자의 크기가 잘 어울리도록 써야 반듯한 모양의 글자를 쓸 수 있어요.

강 ← 자음인 'ㄱ'이 너무 큼.

문 ← 받침인 'ㄴ'이 너무 큼.

▲ 정답과 해설 9쪽

◉ 글자를 만드는 알맞은 방향에 ○표를 하세요.

모음자 'ㅗ, ㅛ, ㅜ, ㅠ, ㅡ'는 자음자의 아래쪽에 쓴다. ○

모음자 'ㅏ, ㅑ, ㅓ, ㅕ, ㅣ'는 자음자의 왼쪽에 쓴다. □

해설 모음자 'ㅏ, ㅑ, ㅓ, ㅕ, ㅣ'는 자음자의 오른쪽에 씁니다.

◉ 알맞은 말에 ○표를 하세요.

받침이 있는 글자는 받침이 없는 글자의 아래쪽에 (자음자, 모음자)를 써서 만든다.

해설 받침이 없는 글자의 아래쪽에 자음자를 붙이면 받침이 있는 글자가 만들어집니다.

◉ 받침이 있는 글자에 ○표를 하세요.

티   우   물

해설 글자의 아래쪽에 자음자가 있는 글자를 받침이 있는 글자라고 합니다.

4회
1주차 ②
글을 써요

국어

"나는 떡을 좋아해요." 민재가 아무리 말씀드려도 할머니께서 자꾸 잊어버리셨어요. 민재는 할머니께서 잘 기억하시도록 자신이 좋아하는 음식을 글로 써서 드리려고 생각했어요. 글은 말하려는 내용을 글자로 나타낸 것이에요. 낱말이 모여서 문장이 되고, 문장이 모여서 문단이 되어요. 그리고 문단이 모이면 하나의 글이 되지요. 이처럼 글은 낱말, 문장, 문단, 문단의 과정을 거쳐야 해요.

낱말
떡

문장
나는 떡을 좋아해요.

문단
나는 떡을 좋아해요. 하얀 백설기도 좋아하고, 기배나 팥이 들어 있는 송편도 좋아해요.

글
나는 떡을 좋아해요. 하얀 백설기도 좋아하고, 기배나 팥이 들어 있는 송편도 좋아해요.
나는 케이크도 좋아해요. 달고 케이크와 딸기 케이크가 가장 맛있어요.

(말풍선) 여러 문단이 모이면 하나의 글이 완성돼.

(말풍선) 낱말이 모여서 문장이 되고, 문장이 모여서 문단이 되지.

TIP 낱말, 문장, 문단, 글이 단계를 거치면 한 편의 글이 완성됩니다.

이해 낱말과 문장, 문단의 과정을 거치면 하나의 □을 쓸 수 있어요.

글을 이루는 단위

낱말
뜻을 가진 말의 덩어리예요. '연필', '모자', '친구'는 모두 낱말이에요.

문장
낱말들이 모여서 말하고 싶은 것을 하나로 나타낸 것이에요. '나는 과자를 먹어요.'는 문장이지만 '과자, 나, 먹다'는 낱말을 모아둔 것이에요.

문단
여러 개의 문장이 모여서 하나의 중심 생각을 나타낸 것이에요.

글
문단이 모여서 하나의 중심 생각을 나타낸 것이에요. 이때 한 개의 문단도 글이 될 수 있어요.

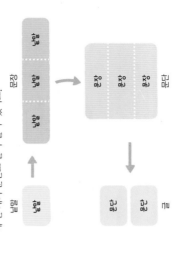

글을 잘 쓰는 방법

중심 생각이 잘 드러나게 써요.
글쓴이의 생각이나 느낌이 잘 드러나도록 중심 내용을 써야 해요.

말하려는 내용을 짧고 분명하게 써요.
말하려는 중심 내용을 짧고 분명하게 쓰면 글을 더 이해하기 쉬워요.

◎ 알맞은 말을 골라 ○표를 하세요.

문단이 모이면 하나의 (**글** / 문장)이 된다.

해설 문단이 모여 하나의 중심 생각을 나타낸 것을 글이라고 합니다.

◎ 다음 설명에 알맞은 말을 쓰세요.

'연필', '모자'처럼 뜻을 가진 말의 덩어리이다.

[낱말]

해설 낱말에 대한 설명입니다.

◎ 글을 잘 쓰는 방법에 ○표를 하세요.

□ 중심 생각이 잘 드러나게 쓴다.
○ 무조건 내용을 길게 쓴다.

해설 글을 쓸 때는 무조건 길게 쓰는 것보다 말하려는 중심 내용을 짧고 분명하게 쓴 글을 이해하기가 쉽습니다.

5회 ①

우리나라의 세시 풍속

사회

옛날부터 해마다 일정한 때가 되면 되풀이하는 일이나 놀이, 음식 등이 있어요. 설, 추석, 한식에는 조상들의 산소를 돌보기 위해 성묘를 가고, 설날에는 가족들이 모여 세배를 하고 윷놀이를 해요. 주석에는 송편이나 토란국을 먹고, 동지에는 팥죽을 먹어요. 이렇게 설, 윷놀이나 송편, 성묘, 팥죽처럼 해마다 일정한 때에 되풀이하는 여러 가지 생활 모습을 세시 풍속이라고 해요.

세배
설날에 웃어른께 절을 하며 인사를 하는 것이에요.

윷놀이
4개의 윷가락을 던지며 나는 결과로, 주로 윷이나 설날에 놀이로 해요.

어휘 | 세배와 윷놀이는 옛날부터 해마다 해마다 되풀이하는 우리나라의 □□□□이에요. 세시 풍속은 주로 명절이나 계절마다 되풀이합니다.

세시 풍속

세시 풍속 음식

설날에 먹는 떡국
떡을 넣어 만든 국으로, 새해에도 복을 받고, 건강하게 오래 살기를 바라는 마음이 담겨 있어요.

추석에 먹는 송편
팥, 깨 등을 넣고 반달 모양으로 만든 떡으로, 주로 추석에 먹어요.

동지에 먹는 팥죽
팥으로 만든 죽으로, 팥이 붉은색이 나쁜 기운을 물아내기를 바라는 마음이 담겨 있어요.

정월 대보름에 먹는 오곡밥
다섯 가지 곡식을 넣어 지은 밥으로, 그 해의 농사가 잘 되기를 바라는 마음이 담겨 있어요.

▲ 정답과 해설 11쪽

◎ 알맞은 말에 ○표를 하세요.

옛날부터 해마다 일정한 때가 되면 되풀이하는 일이나 놀이, 음식 등의 여러 가지 생활 모습을 (세시 풍속 , 전통 놀이)(이)라고 한다.

해설 ▶ 옛날부터 해마다 일정한 때가 되면 되풀이하는 여러 가지 생활 모습을 세시 풍속이라고 합니다.

◎ 세시 풍속에 모두 ○표를 하세요.

| 세배 하기 | 윷놀이하기 |
| 성묘 가기 | 이웃집 가기 |

해설 ▶ 세시 풍속은 해마다 일정한 때가 되면 되풀이하는 일이나 놀이, 음식입니다.

◎ 알맞게 선으로 이으세요.

| 팥죽 | — | 동지 |
| 오곡밥 | — | 정월 대보름 |

해설 ▶ 팥죽은 동지, 오곡밥은 정월 대보름에 먹습니다.

5회
1주차 ②

닮은 듯 다른 음악가

사회

음악의 아버지! 음악의 어머니!

누구인지 아나요? 음악의 바흐와 헨델이에요. 두 사람이 음악의 기초를 닦아 놓았기 때문에 바흐는 음악의 아버지, 헨델은 음악의 어머니라고 불러요. 음악의 아버지인 바흐와 음악의 어머니인 헨델은 비슷한 점이 많아요. 나이가 같고, 같은 나라인 독일에서 태어났어요. 그리고 많은 곡을 만들었다는 점도 같아요. 하지만 다른 점도 많아요. 어떤 점이 다른지 알아볼까요?

바흐
음악의 아버지로 불려요. 조용하고 차분한 느낌의 교회 음악을 많이 만들었어요.

헨델
음악의 어머니로 불려요. 밝은 느낌의 무대 음악을 많이 만들었어요.

이해 바흐와 헨델은 모두 많은 곡을 만든 □□□예요.
음악가

바흐와 헨델의 비슷한 점과 다른 점을 살펴봅니다.

바흐와 헨델의 다른 점

요한 제바스티안 바흐
• 독일에서 계속 살았어요.
• 부지런히 일하는 것을 좋아했어요.
• 조용하고 차분한 교회 음악을 많이 만들었어요.

게오르크 프리드리히 헨델
• 독일에서 태어났지만 여러 나라를 오가며 살았어요.
• 자유로운 성격이었어요.
• 밝은 느낌의 무대 음악을 많이 만들었어요.

'○○의 아버지'라고 불리는 사람들

의학의 아버지
히포크라테스는 의학의 기초를 세워서 '의학의 아버지'라고 불려요.

어디가 아픈지 한번 볼까요?

수학의 아버지
피타고라스는 수학의 기초를 닦아서 '수학의 아버지'라고 불러요.

아하, 이것이군!

▲ 정답과 해설 12쪽

◎ 알맞은 말에 ○표를 하세요.

음악의 아버지는 (**바흐**, 헨델)이다.

[해설] 바흐는 음악의 아버지라고 불렸습니다.

◎ 바흐와 헨델이 비슷한 점에 ○표를 하세요.

☐ 같은 나라에서 태어났다.

○ 밝은 느낌의 무대 음악을 만들었다.

[해설] 밝은 느낌의 무대 음악을 많이 만든 음악가는 헨델입니다.

◎ 알맞게 선으로 이으세요.

히포크라테스 — 수학의 아버지
피타고라스 — 의학의 아버지

[해설] 수학의 아버지는 피타고라스, 의학의 아버지는 히포크라테스입니다.

1주차 | 확인 문제

▶ 정답과 해설 13쪽

5 씨앗에 대한 내용을 알맞게 선으로 이으세요.

- 붉은 씨앗 안에 하얀 가루가 있다.
- 윗부분은 둥글고 양쪽은 모가 나 있다.

봉숭아씨
옥수수씨

해설 봉숭아씨와 옥수수씨에 대한 알맞은 설명을 찾아봅니다.

6 싹에 대한 알맞은 말에 ○표를 하세요.

싹이 쑥쑥 자라면 줄기와 잎이 생기고 (뿌리 , 꽃)이/가 핀다.

해설 싹이 쑥쑥 자라서 줄기와 잎이 생기고 나면 꽃이 핍니다.

7 다음의 그림과 설명에 알맞은 이름을 쓰세요.

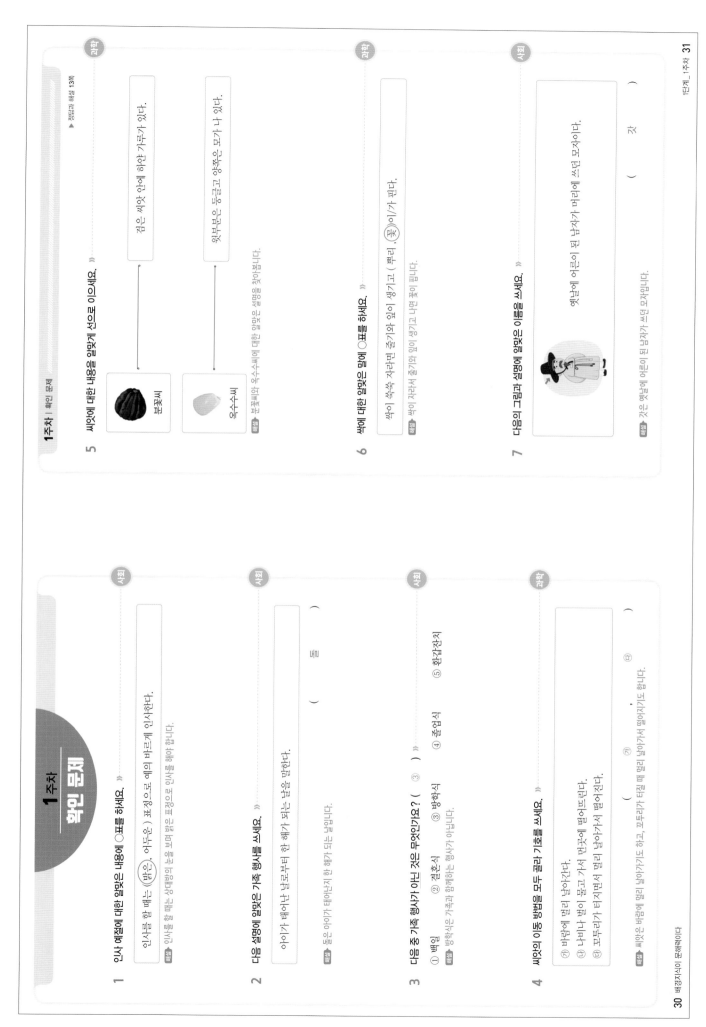

옛날에 어른이 된 남자가 머리에 쓰던 모자이다.

(갓)

해설 갓은 옛날에 어른이 된 남자가 쓰던 모자입니다.

1주차 확인 문제

1 인사 예절에 대한 알맞은 내용에 ○표를 하세요.

인사를 할 때는 (밝은 , 어두운) 표정으로 예의 바르게 인사한다.

해설 인사를 할 때는 상대방이 눈을 보며 밝은 표정으로 인사를 해야 합니다.

2 다음 설명에 알맞은 가족 행사를 쓰세요.

아이가 태어난 날로부터 한 해가 되는 날을 말한다.

(돌)

해설 돌은 아이가 태어나지 한 해가 되는 날입니다.

3 다음 중 가족 행사가 아닌 것은 무엇인가요? (③)

① 생일　② 결혼식　③ 방학식　④ 졸업식　⑤ 환갑잔치

해설 방학식은 가족과 함께하는 행사가 아닙니다.

4 씨앗의 이동 방법을 모두 골라 기호를 쓰세요.

㉮ 바람에 멀리 날아간다.
㉯ 나비나 벌이 물고 가서 먼곳에 떨어뜨린다.
㉰ 꼬투리가 터지면서 멀리 날아가서 떨어진다.

(㉮, ㉰)

해설 씨앗은 바람에 멀리 날아가기도 하고, 꼬투리가 터질 때 멀리 날아가서 떨어지기도 합니다.

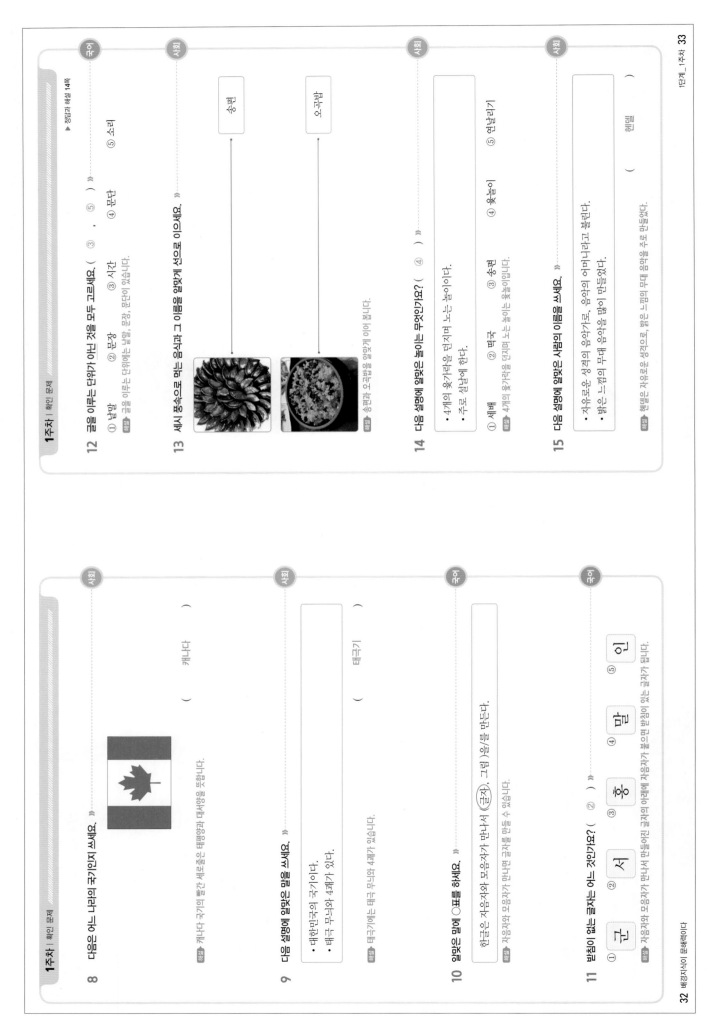

1주차 | 확인 문제

[사회]

8 다음은 어느 나라의 국기인지 쓰세요. 》

(캐나다)

해설 캐나다 국기에 빨간 색의 세로줄은 태평양과 대서양을 뜻합니다.

[사회]

9 다음 설명에 알맞은 말을 쓰세요. 》

• 대한민국의 국가이다.
• 태극 무늬와 4괘가 있다.

(태극기)

해설 태극기에는 태극 무늬와 4괘가 있습니다.

[국어]

10 알맞은 말에 ○표를 하세요. 》

한글은 자음자와 모음자가 만나서 (글자 , 그림)을 만든다.

해설 자음자와 모음자가 만나면 글자를 만들 수 있습니다.

[국어]

11 받침이 없는 글자는 어느 것인가요? (②) 》

① 군 ② 서 ③ 흥 ④ 말 ⑤ 인

해설 자음자와 모음자가 만나서 만들어진 글자의 아래에 자음자가 붙으면 받침이 있는 글자가 됩니다.

1주차 | 확인 문제

▶ 정답과 해설 14쪽

[국어]

12 글을 이루는 단어가 아닌 것을 모두 고르세요. (③ , ⑤) 》

① 낱말 ② 문장 ③ 시간 ④ 문단 ⑤ 소리

해설 글을 이루는 단어에는 낱말, 문장, 문단이 있습니다.

[사회]

13 세시 풍속으로 먹는 음식과 그 이름을 알맞게 선으로 이으세요. 》

송편
오곡밥

해설 송편과 오곡밥을 알맞게 이어 봅니다.

[사회]

14 다음 설명에 알맞은 놀이는 무엇인가요? (④) 》

• 4개의 윷가락을 던지며 노는 놀이이다.
• 주로 설날에 한다.

① 제기 ② 팔딱 ③ 송편 ④ 윷놀이 ⑤ 연날리기

해설 4개의 윷가락을 던지며 노는 놀이는 윷놀이입니다.

[사회]

15 다음 설명에 알맞은 사람의 이름을 쓰세요. 》

• 자유로운 성격의 음악으로, 음악의 어머니라고 불린다.
• 밝은 느낌의 무대 음악을 많이 만들었다.

(헨델)

해설 헨델은 자유로운 성격으로, 밝은 느낌의 무대 음악을 주로 만들었다.

▶ 정답과 해설 15쪽

과학 여러 가지 씨앗

꽃 씨
분 수 씨
수 어

씨 아 송 통
꽃 들 씨

과학 싹이 나고 꽃이 피어요

꽃 이 피어요.
싹 이 나요.

1주차 정리 학습

사회 예절을 지켜요

인 사 예 절
절 예 사

사회 함께하는 가족 행사

생 일
사 학 회
식 회 절

국어 영어와 새 읽기

정답과 해설 16쪽

나는 딸앙늘 좋아해요.
장 문

나는 딸기도 좋아해요. 하얀 배설나도 좋아하고, 개미가 땅이 돋어 있는 숲파도 좋아해요. 나는 거아이코 좋아해요. 많은 거아이코와 더 개 이구가 가장 많아있어요.
를

딴 금 남

나는 딸앙늘 좋아해요. 하얀 배설나도 좋아하고, 개미가 땅이 돋어 있는 숲파도 좋아해요.
문 단

사회 우리나라의 세시 풍속
똠 새
윷 놀 이

사회 옛날 사람들의 생활 모습
엿
쓰 개 치 마
갓

사회 궁금해요, 세계의 국가
일 장 기
오 성 홍 기
성 조 기
태 극 기

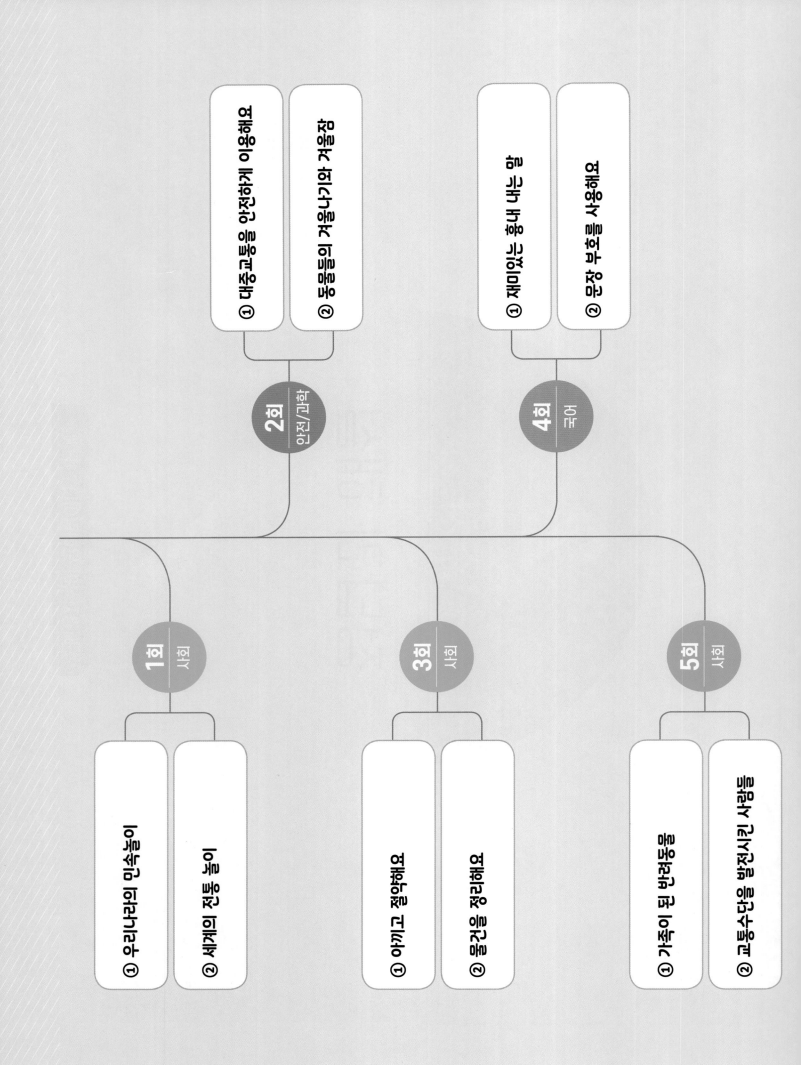

2회 안전/과학
① 대중교통을 안전하게 이용해요
② 동물들의 겨울나기와 겨울잠

4회 국어
① 재미있는 흉내 내는 말
② 문장 부호를 사용해요

1회 사회
① 우리나라의 민속놀이
② 세계의 전통 놀이

3회 사회
① 아끼고 절약해요
② 물건을 정리해요

5회 사회
① 가족이 된 반려동물
② 교통수단을 발전시킨 사람들

2주차 ①
1회
사회

우리나라의 민속놀이

주안이는 친구들과 민속놀이를 했어요. 가장 먼저 멀리 있는 통에 화살을 던지는 투호 놀이를 했어요. 놀이 방법이 간단했지만 화살이 자주 통 앞에 떨어져서 못 넣었어요. 돼지 씨름은 쪼그리고 앉아서 콩콩 뛰면서 씨름을 하는 놀이에요. 주안이는 돼지 씨름을 하면서 넘어지기도 이기기도 했어요. 주안이와 친구들은 비사치기, 강강술래, 줄다리기, 손바닥 씨름 등으로도 했답니다.

투호 놀이
멀리 서서 통에 화살을 던져 넣는 놀이에요.

돼지 씨름
쪼그리고 앉아 두 발로 콩콩 뛰면서 엉덩이로 상대방을 쳐서 밀어내는 놀이에요.

TIP 여러 가지 민속놀이를 하는 방법을 살펴봅시다.

이해 ▶ 투호 놀이는 옛날부터 전해 내려오는 놀이인 □□□예요.
민속놀이

우리나라의 여러 가지 민속놀이

비사치기
출발선에서 돌을 던져 다른 편이 세워 둔 돌을 넘어뜨리는 놀이예요.

줄다리기
여러 사람이 두 편으로 나누어서 양쪽에서 줄을 당겨 승부를 가루는 놀이예요.

강강술래
여러 사람이 함께 손을 잡고 동그라미를 그리며 뛰어노는 놀이예요.

손바닥 씨름
두 사람이 손바닥을 마주 대고 서로 밀쳐 내는 놀이에요. 땅에 먼저 떨어지거나 밀려서 밖이 먼저 떨어지면 져요.

◉ 투호 놀이에 대한 설명에 ○표를 하세요.

☐ 쪼그리고 앉아서 하는 놀이이다.

◉ 통에 화살을 던져 넣는 놀이이다.

해설 투호 놀이는 멀리서 화살을 던져 넣는 놀이입니다.

◉ 알맞게 선으로 이으세요.

비사치기 — 쪼그리고 앉아서 뛰면서 엉덩이로 상대방을 쳐서 밀어내는 놀이.

돼지 씨름 — 돌을 던져 다른 돌을 넘어뜨리는 놀이.

해설 비사치기는 돌을 던져 다른 돌을 넘어뜨리는 놀이이고, 돼지 씨름은 쪼그리고 앉아 뛰면서 상대편을 밀어내는 놀이입니다.

◉ 다음 설명에 알맞은 말을 쓰세요.

• 손바닥으로 서로 밀쳐 내는 놀이다.
• 땅에서 밖이 먼저 떨어지는 사람이 진다.

손	바	닥	씨	름

해설 손바닥을 마주 대고 서로 밀쳐 내면서 땅에서 밖이 먼저 떨어지면 지는 손바닥 씨름입니다.

1회 2주차 ②

세계의 전통 놀이

세계 놀이 축제가 열렸어요. 여기저기에서 세계의 전통 놀이를 하고 있네요. 장구 모양처럼 생긴 공규를 돌리는 중국의 공규 놀이, 동전을 떨어뜨리지 않게 쌓는 유럽의 동전 쌓기 놀이, 단지면 되돌아오는 막대기를 던지는 부메랑 놀이 등 정말 다양해요. 미국의 컵 쌓기 놀이, 베트남의 나이 삼 놀이, 일본의 겐다마 놀이, 아프리카의 땡땡이 북 놀이까지 모두 재미있어요.

> **Tip** 세계의 전통 놀이를 할 때는 그 놀이를 하는 나라에 대해서도 알아봅시다.

동전 쌓기 놀이 유럽의 전통 놀이. 나무 방 위에 동전을 떨어지지 않게 쌓는 놀이예요.

부메랑 놀이 호주의 전통 놀이. 있잖아, 앞이 더 드러오었어 더 드릴래?

공규 놀이 중국의 전통 놀이. 장구 모양처럼 생긴 공규에 줄을 감고 돌리면서 즐기는 놀이예요.

세계의 여러 가지 전통 놀이

컵 쌓기 놀이
미국의 전통 놀이. 컵을 쌓거나 접시거나 하면서 노는 놀이예요.

나이 삼 놀이
베트남의 전통 놀이. 양쪽에서 긴 막대를 움직이며 가운데를 지나면서 피하면서 노는 놀이예요.

겐다마 놀이
일본의 전통 놀이. 실 끝에 있는 공을 당겨서 망치 모양의 막대에 끼워 넣는 놀이예요.

땡땡이 북 놀이
아프리카의 전통 놀이. 구슬이 북 판에 부딪쳐 소리가 나도록 북을 흔들면서 노는 놀이예요.

▶ 정답과 해설 20쪽

◉ 공규 놀이에 대한 설명에 모두 ○표를 하세요.

- 중국에서 주로 하는 놀이이다. ◯
- 실 끝에 있는 공을 당겨 막대에 끼워넣는 놀이이다.
- 장구 모양처럼 생긴 공규에 줄을 감고 돌리는 놀이이다. ◯

> 해설 공규 놀이는 장구 모양의 공규에 줄을 감고 돌리는 중국의 전통 놀이입니다.

◉ 다음 설명에 알맞은 말을 쓰세요.

- 미국의 전통 놀이이다.
- 컵을 쌓거나 접시거나 하면서 노는 놀이이다.

→ 컵 쌓 기 놀 이

> 해설 미국의 전통 놀이이며 컵을 쌓거나 하면서 노는 컵 쌓기 놀이입니다.

◉ 알맞게 선으로 이으세요.

나이 삼 놀이 ⟶ 베트남
부메랑 놀이 ⟶ 호주

> 해설 나이 삼 놀이는 베트남의 전통 놀이이고, 부메랑 놀이는 호주의 전통 놀이입니다.

이해 세계의 □□□ 놀이에는 공규 놀이, 부메랑 놀이, 동전 쌓기 놀이 등이 있어요.

2회 ①

안전

대중교통을 안전하게 이용해요

세상에는 다양한 탈것이 있어요. 그중에서 여러 사람이 함께 이용할 수 있도록 만든 탈것을 대중교통이라고 해요.

길에서 자주 볼 수 있는 대중교통은 바로 버스예요. 기다란 버스는 마을과 도시 구석구석을 누비며 사람을 태워요.

땅속을 다니는 대표적인 대중교통은 전철이에요. 전기의 힘으로 철길 위를 달리지요. 이 밖에도 기차, 비행기, 배 같은 대중교통도 있답니다.

버스
여러 사람을 태울 수 있는 기다란 자동차예요.

전철
전기의 힘으로 철길 위를 다니는 차예요. 주로 땅속으로 다녀서 지하철이라고도 불러요.

226 사당   227 낙성대   배

[이해] □□□□은 여러 사람이 함께 이용하는 탈것이에요. **대중교통**

대중교통은 여러 사람이 함께 타기 때문에 안전하게 이용해야 합니다.

안전한 대중교통 이용 방법

버스 정류장에서 기다려요.
버스를 기다릴 때는 버스 정류장에서만 기다려요. 찻길로 내려가면 위험할 수도 있어요.

손잡이를 꼭 잡아요.
버스 안에서는 손잡이를 꼭 잡고 장난치지 말아요. 내릴 때는 버스가 완전히 멈춘 다음에 내려요.

안전선 밖에서 기다려요.
전철을 기다릴 때는 안전선 밖에서 기다리고, 전철을 탈 때는 사람들이 먼저 내린 후에 타요.

발이 빠지지 않게 조심해요.
전철과 승강장 사이가 넓은 곳이 있어요. 전철을 타고 내릴 때 발이 빠지지 않도록 조심해요.

◉ 대중교통인 탈것에 모두 ○표를 하세요.

버스   트럭   배   비행기   구급차   기차

[해설] 여러 사람이 함께 이용하는 탈것에는 버스, 배, 비행기, 기차 등이 있습니다.

◉ 다음 설명에 알맞은 말을 쓰세요.

· 전기의 힘으로 철길 위를 다니는 대중교통이다.
· 주로 땅속으로 달려서 지하철이라고도 불린다.

[해설] 땅속에서 전기의 힘으로 철길 위를 달리는 대중교통은 전철입니다.

전철

◉ 대중교통을 안전하게 이용하는 방법에 모두 ○표를 하세요.

· 버스에서는 의자 손잡이를 잡는다.
· 전철에서는 발이 빠지지 않게 조심한다. ○
· 전철을 기다릴 때는 안전선 안에서 기다린다.
· 전철을 기다릴 때는 안전선 밖에서 기다린다. ○

[해설] 전철을 기다릴 때는 안전선 밖에서 기다려야 합니다.

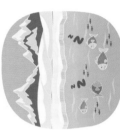
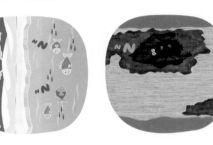

▶ 정답과 해설 22쪽

2회
2주차 ②

과학

동물들의 겨울나기와 겨울잠

추운 겨울이 오면 우리는 따뜻한 옷을 입어요. 그러면 동물들은 추운 겨울을 어떻게 지낼까요? 동물들은 털이 많아지도록 털갈이를 하거나 얇아나 반대기로 겨울을 보내기도 해요. 또 어떤 동물들은 추운 겨울 동안 거의 움직이지 않고 땅속이나 바위 틈, 동굴 속에서 겨울을 보내기도 하는데 이것을 겨울잠을 자는 동물도 있어요. 겨울잠을 자는 동물에는 곰, 개구리, 박쥐 등이 있어요.

박쥐
동굴 천장에 거꾸로 매달려 날개로 몸을 감싸고 자요.

개구리
몸을 거의 움직이지 않아서 죽은 것처럼 보여요. 몸을 대개까지 땅속에서 자요.

곰
바위 틈에서 자다가 중간에 깨어나서 먹이를 약간 먹기도 하고 새끼를 낳기도 해요.

어휘 곰, 개구리, 박쥐 등은 □□□을 자는 동물이에요.
겨울잠

다른 동물들의 겨울나기

나비
나비는 알, 애벌레나 어른벌레 되기 전인 번데기의 모습으로 겨울을 지내요.

사마귀
사마귀는 겨울 동안 알집에서 알의 모습으로 있다가 봄에 깨어나요.

물고기
물속에서 겨울을 나며 몸을 거의 움직이지 않아요.

사슴벌레
나무 속에서 주로 어른벌레의 모습으로 겨울을 지내요.

◉ 알맞은 말에 ○표를 하세요.

동물들이 겨울 동안 거의 움직이지 않고 땅속이나 바위 틈, 동굴 속에서 겨울을 보내는 것을 (겨울잠, 나방)이라고 한다.

해설 겨울잠은 동물들이 거의 움직이지 않고 땅속이나 바위 틈, 동굴 속에서 겨울을 보내는 것입니다.

◉ 겨울잠을 자는 동물에게 모두 ○표를 하세요.

개 곰
고양이 개구리
박쥐

해설 겨울잠을 자는 동물은 곰, 박쥐, 개구리입니다.

◉ 알맞게 선으로 이어 보세요.

주로 어른벌레의 모습으로 나무 속에서 겨울을 지낸다. — 사마귀

알집에서 알의 모습으로 겨울을 지낸다. — 사슴벌레

해설 사마귀는 알의 모습으로, 사슴벌레는 주로 어른벌레의 모습으로 겨울을 지냅니다.

사회

3회 2주차 ①
아끼고 절약해요

'강물도 쓰면 준다.'라는 말을 들어본 적 있나요?
아무리 많아도 함부로 쓰면 없어진다는 뜻이에요. 이렇게 돈이나 물건 등을 꼭 필요한 곳에만 써서 아끼는 것을 절약이라고 해요.
절약을 하면 쓰레기를 줄일 수 있고, 환경 오염도 막을 수 있어요. 또 절약해서 모은 돈과 시간을 다른 곳에 소중하게 사용할 수도 있어요.

절약을 하면 환경 오염도 막을 수 있지.

가까운 거리는 자전거를 타요.

사용하지 않는 전등은 꺼요.

우리가 할 수 있는 절약 방법

이를 닦을 때는 컵에 물을 담아서 사용하면 물을 아낄 수 있어요.

엘리베이터 대신 계단을 이용하면 에너지를 아낄 수 있어요.

사용하지 않는 가전제품의 플러그를 뽑으면 에너지를 아낄 수 있어요.

난방을 하거나 냉방을 할 때 온도를 적당하게 맞추면 에너지를 아낄 수 있어요.

이해 돈이나 물건 등을 꼭 필요한 곳에만 써서 아끼는 것을 □□이라고 해요. 절약을 하는 것이 습관이 되도록 노력해야 합니다.
절약

▲ 정답과 해설 23쪽

◉ 다음 설명에 알맞은 말을 쓰세요.

• 돈이나 물건 등을 꼭 필요한 곳에만 써서 아끼는 것이다.
• '강물도 쓰면 준다.'라는 말과 관련이 있다.

[절 약]

해설 '강물도 쓰면 준다.'는 절약의 필요성을 나타낸 속담입니다.

◉ 절약을 하는 방법에 ○표를 하세요.

이를 닦을 때는 컵에 물을 담아서 사용한다. (○)

냉방을 할 때는 냉방 온도를 최대한 낮게 맞춘다.

해설 에너지 절약을 위해 냉방을 할 때는 온도를 적당하게 맞추어야 합니다.

◉ 알맞은 말에 ○표를 하세요.

에너지 절약을 위해 엘리베이터 대신 (계단), 에스컬레이터)을/를 이용한다.

해설 엘리베이터 대신 계단을 이용하면 에너지 절약을 할 수 있습니다.

3회

2주차 ②

물건을 정리해요

시원

정아가 머리핀을 찾고 있어요. 책상도 살펴보고, 서랍도 열어 보지만 찾을 수가 없어요. 가만히 보니 방이 엉망이에요. 책은 여기저기, 바닥에는 장난감이 한가득, 입던 옷은 뭉들뭉들. 이럴 때는 물건을 정리해야 해요. 필요 없는 것은 버리고, 같은 종류의 물건끼리 모아 제자리에 가지런히 놓으면 돼요. 이렇게 정리를 하면 물건을 쉽게 찾을 수 있고, 물건을 잃어버리지 않게 돼요.

> **정리**
> 흐트러진 것을 한곳에 모아 제자리에 가지런히 놓는 것을 말해요.

이해 ☐☐를 하면 잃어버린 물건을 잘 찾을 수 있어요. 정리

물건을 정리하는 습관을 들이면 물건을
찾을 때도 쉽게 찾을 수 있습니다.

교실에서 물건을 정리하는 방법

책상 위 정리
이번 시간에 배울 교과서와 공책을 꺼내고, 연필과 지우개를 준비해요.

책상 서랍 정리
• 교과서와 공책, 쓰지 않는 학용품을 넣어 두어요.
• 교과서와 공책은 시간표의 순서대로 정리해요.

책가방 정리
지퍼를 잠그고, 정해진 곳에 두어요.

사물함 정리
• 책이나 파일은 세워 두어요.
• 크고 무거운 물건은 아래쪽에 두어요.
• 작은 물건은 바구니에 담아 두어요.

◉ 다음 설명에 알맞은 말을 쓰세요.

• 흐트러진 것을 한곳에 모아 제자리에 가지런히 놓는 것이다.
• 이것을 하면 물건을 잘 찾을 수 있게 된다.

[정 리]

해설 정리는 흐트러진 것을 한곳에 모아 제자리에 가지런히 놓는 것으로, 정리를 하면 물건을 잘 찾을 수 있게 됩니다.

◉ 물건 정리에 대한 설명에 ○표를 하세요.

책가방은 아무 곳에나 둔다. ☐

책상 서랍에는 교과서와 공책을 넣어 둔다. ◯

해설 책가방은 지퍼를 잠그고 정해진 곳에 둡니다.

◉ 알맞은 말에 ○표를 하세요.

물건을 (구경, (정리)) 할 때는 필요 없는 물건은 버리고, 같은 종류끼리 모으고, 제자리에 물건을 둔다.

해설 물건을 정리하는 방법에 대한 설명입니다.

4회 2주차 ①

국어

재미있는 흉내 내는 말

똑똑, 느릿느릿, 주르륵, 저벅저벅.

이런 낱말들을 들으면 어떤 장면이 떠오르나요? '똑똑'은 문을 두드리는 장면, '느릿느릿'은 거북이 느리게 기어가는 장면, '주르륵'은 빗물이 유리창에 흘러내려 멈추는 장면, '저벅저벅'은 한 걸음씩 걸어가는 장면이 떠오를 거예요.

이렇게 사람이나 사물의 모습이나 소리를 나타내는 말을 흉내 내는 말이라고 해요.

> 흉내 내는 말을 쓰면 문장을 생생하고 자세하게 표현할 수 있어요.

TIP 흉내 내는 말을 쓰면 실감 나게 표현할 수 있습니다.

이해 어떤 모습이나 소리를 나타내는 말을 □ 흉내 내는 말 □□ □□이라고 해요.

흉내 내는 말의 종류

모습 흉내 내는 말
사람이나 사물의 모양이나 움직임을 나타내요.

- **살금살금** — 남이 모르게 살며시 움직이는 모양.
- **부들부들** — 몸을 부르르 떠는 모양.
- **깜짝** — 갑자기 놀라는 모양.

소리를 흉내 내는 말
사람이나 사물이 내는 소리를 나타내요.

- **개굴개굴** — 개구리가 우는 소리.
- **드르릉** — 매우 크게 코를 고는 소리.
- **쾅** — 무거운 것이 바닥에 떨어지거나 다른 물건에 부딪쳐서 나는 소리.

흉내 내는 말을 쓰면 좋은 점
흉내 내는 말을 쓰면 더 자세하게 나타낼 수 있어요. 또 느낌을 생생하고 재미있게 표현할 수 있고, 더 실감 나게 나타낼 수 있어요.

그때 문이 쾅! 닫혔어.
우아! 실감 나.

● 다음 설명에 알맞은 말을 쓰세요.

사람 또는 사물의 모양이나 소리를 나타내는 말이다.

| 흉 | 내 | 내 | 는 | 말 |

해설 사람 또는 사물의 모양이나 소리를 나타내는 말은 흉내 내는 말입니다.

● 흉내 내는 말에 모두 ○표를 하세요.

(깜짝) (쾅) 가끔 일적

해설 '깜짝'은 모양을 흉내 내는 말이고, '쾅'은 소리를 흉내 내는 말입니다.

● 흉내 내는 말을 쓰면 좋은 점에 모두 □표를 하세요.

○ 자세하게 나타낼 수 있다.
○ 더 실감 나게 나타낼 수 있다.
□ 뜻이 다른 말로 나타낼 수 있다.

해설 흉내 내는 말을 쓰면 자세하게 나타낼 수 있고, 더 실감 나게 표현할 수 있습니다.

4회

2주차 ②

문장 부호를 사용해요

국어

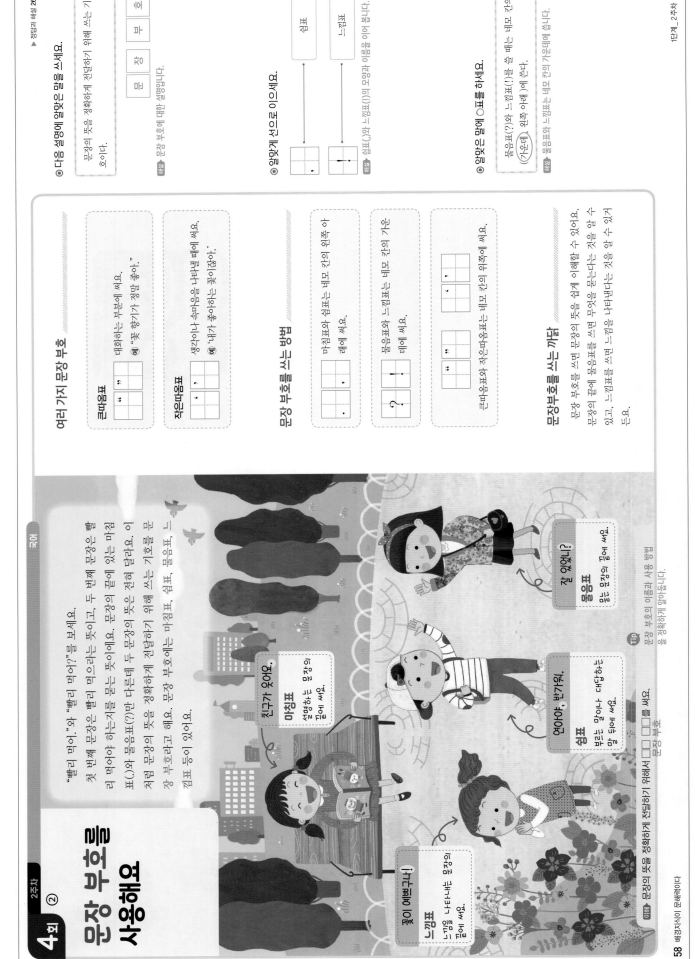

"빨리 먹어."와 "빨리 먹어?"를 보세요.

첫 번째 문장은 빨리 먹으라는 뜻이고, 두 번째 문장은 빨리 먹어야 하느냐를 묻는 뜻이에요. 문장의 끝에 있는 마침표(.)와 물음표(?)만 다른데 두 문장의 뜻은 전혀 달라요. 이처럼 문장의 뜻을 정확하게 전달하기 위해 쓰는 기호를 문장 부호라고 해요. 문장 부호에는 마침표, 쉼표, 물음표, 느낌표 등이 있어요.

꽃이 예쁘구나!
느낌표
느낌을 나타내는 문장의 끝에 써요.

친구가 웃어요.
마침표
설명하는 문장의 끝에 써요.

연아야, 반가워.
쉼표
부르는 말이나 대답하는 말 뒤에 써요.

잘 있었니?
물음표
묻는 문장의 끝에 써요.

TIP 문장 부호의 이름과 사용 방법을 정확하게 알아둡니다.

이해 문장의 뜻을 정확하게 전달하기 위해서 □□ □□ 를 써요.
문장 부호

여러 가지 문장 부호

큰따옴표
대화하는 부분에 써요.
예 "꽃 향기가 정말 좋아."

작은따옴표
생각이나 속마음을 나타낼 때에 써요.
예 '내가 좋아하는 꽃이 있어.'

문장 부호를 쓰는 방법

마침표와 쉼표는 네모 칸의 왼쪽 아래에 써요.

물음표와 느낌표는 네모 칸의 가운데에 써요.

큰따옴표와 작은따옴표는 네모 칸의 위쪽에 써요.

문장부호를 쓰는 까닭

문장 부호를 쓰면 문장의 뜻을 쉽게 이해할 수 있어요. 문장의 끝에 물음표를 쓰면 무엇을 묻는다는 것을 알 수 있고, 느낌표를 쓰면 느낌을 나타낸다는 것을 알 수 있거든요.

◉ 다음 설명에 알맞은 말을 쓰세요.

문장의 뜻을 정확하게 전달하기 위해 쓰는 기호이다.

문	장	부	호

해설 문장 부호에 대한 설명입니다.

◉ 알맞게 선으로 이으세요.

쉼표 •

느낌표 •

해설 쉼표(,)와 느낌표(!)의 모양과 이름을 이어 봅니다.

◉ 알맞은 말에 ○표를 하세요.

물음표(?)와 느낌표(!)를 쓸 때는 네모 칸의 (가운데, 왼쪽 아래)에 쓴다.

해설 물음표와 느낌표는 네모 칸의 가운데에 씁니다.

5회 2주차 ①

가족이 된 반려동물

사회

윤서네 집에 가족이 하나 늘었어요. 강아지를 키우기로 했거든요. 이렇게 가족처럼 곁에 두고 기르는 동물을 반려동물이라고 해요.

반려동물에는 개도 있지만, 고양이, 물고기, 고슴도치, 새, 뱀, 곤충 등도 있어요. 반려동물과 함께 지내면 동물과 마음을 나누면서 스트레스를 줄일 수 있고, 마음이 편안해져서 건강이 좋아지기도 해요.

개
사람을 잘 따르고 영리해요.

고양이
까칠하고 까다로워요.

물고기
어항에서 살아서 키우기가 쉬워요.

TIP 반려동물을 기르고 싶을 때는 책임감 있게 보살필 수 있을지 깊이 생각하고 책임을 갖고 보살펴야 합니다.

이해 개, 고양이, 물고기 등 가족처럼 곁에 두고 기르는 동물을 □□□□이라고 해요. 반려동물

반려동물을 기를 때 지켜야 할 점

목줄을 꼭 매고 다녀요.
반려동물과 산책을 할 때는 반려동물이 목에 목줄을 해야 다른 사람들에게 불편함을 주지 않아요.

배변 봉투를 가지고 다녀요.
반려동물이 산책을 하다가 똥을 누면 곤란해 그 자리에 하기 때문에 배변 봉투를 가지고 다녀야 해요.

동물 등록을 해요.
반려동물을 잃어버리면 찾기가 힘들어요. 그래서 동물 등록을 해 두면 잃어버린 동물을 찾을 때 도움이 되어요.

꼭 알아두세요

반려동물은 장난감처럼 갖고 노는 물건이 아니고 사람과 더불어 살아가는 생명이에요. 따라서 반려동물을 소중하게 생각하고 책임을 갖고 보살펴야 해요.

◉ 앞맞은 말에 ○표를 하세요.

개, 고양이, 물고기 등 가족처럼 곁에 두고 기르는 동물을 (야생동물 / (반려동물))이라고 한다.

해설 반려동물은 개, 고양이, 물고기 등 가족처럼 곁에 두고 기르는 동물을 말합니다.

◉ 그림에서 볼 수 있는 반려동물에 모두 ○표를 하세요.

개   고양이

사자   곰   동그래

해설 개와 고양이는 반려동물입니다.

◉ 반려동물과 외출할 때 지켜야 할 점에 ○표를 하세요.

목줄은 가끔 풀어 준다. [ ]

배변 봉투를 꼭 가지고 다닌다. [○]

해설 반려동물과 외출할 때는 목줄을 꼭 매고 하고, 배변 봉투를 꼭 가지고 다녀야 합니다.

5회 2주차 ②

사회

교통수단을 발전시킨 사람들

130여 년 전만 하더라도 사람들은 먼 거리를 갈 때 많아나 마차를 타고 다녔어요. 더 먼 거리는 기차나 배를 이용했지만, 아주 오랜 시간이 걸렸지요.

가를 벤츠가 자동차를 만들고, 라이트 형제가 비행기를 만들면서부터 사람들이 먼 곳까지 오고가는 것이 편해졌어요.

그 뒤 헨리 포드가 자동차를 대량으로 만들어내면서 교통수단은 더 발전하게 되었어요.

라이트 형제
세계 최초로 엔진을 단 비행기를 만들었어요.

가를 벤츠
세계 최초로 휘발유로 가는 자동차를 만들었어요.

헨리 포드
자동차를 대량 생산하여 누구나 자동차를 살 수 있게 했어요.

TIP 교통수단은 가를 벤츠, 라이트 형제, 헨리 포드에 의해 발전했습니다.

이해 바탕글에서 교통수단을 발전시킨 세 사람은 □□□, □□□, 라이트 형제 예요.

하늘을 날기 위한 노력

라이트 형제가 비행기를 만들기 훨씬 전부터 사람들은 하늘을 날고 싶어 했어요. 그래서 다양한 방법으로 비행에 도전했어요.

열기구
몽골피에 형제는 열기구를 만들어 사람을 싣고 하늘에 띄웠어요.

글라이더
릴리엔탈은 바람의 힘으로 하늘을 나는 글라이더를 만들고 있었어요.

헨리 포드와 자동차 대량 생산

헨리 포드는 자동차를 한번에 많이 만들고 싶었어요. 그래서 여러 사람에게 일을 나누어 각자 주어진 부분만 조립하도록 했더니 자동차를 만드는 속도가 빨라졌어요. 헨리 포드는 이 방법으로 자동차를 훨씬 더 많이 만들 수 있었답니다.

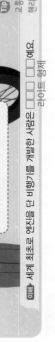

◉ 교통수단을 발전시킨 사람에게 모두 ○표를 하세요.

라이트 형제	바흐
유관순	헨리 포드
가를 벤츠	헬렌

해설 바흐와 헬렌은 음악가이고, 유관순은 독립운동가입니다.

▶ 정답과 해설 28쪽

◉ 알맞게 선으로 이으세요.

헨리 포드   비행기
라이트 형제
가를 벤츠   자동차

해설 라이트 형제는 비행기를, 가를 벤츠와 헨리 포드는 현대식 자동차를 개발했고, 헨리 포드는 자동차를 대량 생산할 수 있게 했습니다.

◉ 알맞은 말에 ○표를 하세요.

몽골피에 형제는 (자전거 , 열기구)를 만들어 하늘로 띄웠다.

해설 몽골피에 형제가 하늘로 띄운 것은 열기구입니다.

2주차 | 확인 문제

▶ 정답과 해설 29쪽

5 버스를 안전하게 이용하는 방법에 모두 ○표를 하세요. 〔안전〕

(1) 버스 안에서는 손잡이를 꼭 잡는다.
(2) 버스 정류장에서는 첫길로 내려가서 버스를 탄다.
(3) 버스에서 내릴 때는 버스가 완전히 멈춘 다음에 내린다.

해설 버스 정류장에서 첫길로 내려가면 위험합니다.

6 다음 설명에 알맞은 동물에 ○표를 하세요. 〔과학〕

동물 천장에 거꾸로 매달려 낱개로 은은을 감지고 거꾸로 지는 동물은 (나비, (박쥐))이다.

해설 박쥐는 거꾸로 잘 동굴 천장에 거꾸로 매달려서 잡니다.

7 동물들이 겨울을 나는 방법을 알맞게 선으로 이으세요. 〔과학〕

| 시슴벌레 | | 물속에서 몸을 거의 움직이지 않는다. |
| 물고기 | | 나무 속에서 주로 어른벌레의 모습으로 지낸다. |

해설 시슴벌레는 나무 속에서 겨울을 지내고, 물고기는 거의 움직이지 않으면서 겨울을 지냅니다.

8 절약을 하는 방법이 아닌 것은 무엇인가요? (①) 〔사회〕

① 계단 대신 엘리베이터를 이용한다.
② 냉방을 할 때는 적당한 온도로 맞춘다.
③ 이를 닦을 때는 컵에 물을 담아서 사용한다.
④ 날씨가 주울 때는 적당한 온도로 난방을 한다.
⑤ 가전제품을 사용하지 않을 때는 플러그를 뽑는다.

해설 엘리베이터 대신 계단을 이용해야 에너지를 절약할 수 있습니다.

2주차
확인 문제

1 다음 설명에 알맞은 말에 ○표를 하세요. 〔사회〕

여러 사람이 두 편으로 나뉘어서 양쪽에서 중앙 당겨 승부를 겨루는 놀이는 (줄다리기)이다.

해설 양쪽에서 줄을 당겨 승부를 겨루는 놀이는 줄다리기입니다.

2 다음의 전통 놀이는 무엇인가요? (③) 〔사회〕

① 공주 놀이
② 부메랑 놀이
③ 컵 쌓기 놀이
④ 동전 쌓기 놀이
⑤ 땅땅이 부 놀이

해설 그림은 미국의 전통 놀이인 컵 쌓기 놀이입니다.

3 부메랑 놀이에 대한 설명에 ○표를 하세요. 〔사회〕

(1) 공을 당겨서 멀치 모양의 막대에 끼워 넣는 놀이이다.
(2) 원을 그리며 되돌아오는 부메랑을 던지며 노는 놀이이다.

해설 공을 당겨서 멀치 모양의 막대에 끼워 넣는 놀이는 컵만 놀이입니다.

4 다음 설명에 알맞은 대중교통을 쓰세요. 〔안전〕

여러 사람을 태울 수 있는 길고 커다란 자동차이다.

(버스)

해설 버스는 여러 사람을 태울 수 있는 대중교통입니다.

2주차 | 확인 문제

▲ 정답과 해설 30쪽

13 다음 설명에 알맞은 문장 부호의 이름을 쓰세요. 》 〈국어〉

> 생각이나 속마음을 나타낼 때 쓰는 문장 부호이다.

(작은따옴표)

해설 작은따옴표는 생각이나 속마음을 나타낼 때 사용합니다.

---

14 다음 설명에 알맞은 말에 ○표를 하세요. 》 〈사회〉

> 강아지와 산책을 할 때는 (목줄 , 양말)을 꼭 해서 다른 사람들에게 불편함을 주지 않아야 한다.

해설 강아지와 산책을 할 때는 다른 사람들에게 불편함을 주지 않도록 목줄을 꼭 해야 합니다.

---

15 다음에서 설명하는 사람은 누구인가요? (⑤) 》 〈사회〉

> 세계 최초로 엔진을 단 비행기를 만들었다.

① 바흐　② 이순신　③ 가를 벤츠　④ 헨리 포드　⑤ 라이트 형제

해설 세계 최초로 엔진을 단 비행기를 만든 사람은 라이트 형제입니다.

2주차 | 확인 문제

9 다음 설명에 알맞은 말에 ○표를 하세요. 》 〈사회〉

> 교실에서 사물함을 정리할 때 크고 무거운 물건은 (위쪽 , 아래쪽)에 두는 것이 안전하다.

해설 크고 무거운 물건은 떨어지지 않게 아래쪽에 정리하는 것이 안전합니다.

---

10 교실에서 물건을 정리하는 방법에 모두 ○표를 하세요. 》 〈사회〉

(1) 책가방은 정해진 곳에 둔다.
(2) 교과서와 공책은 시간표 순서대로 정리한다.
(3) 책상 위에는 잘 사용하지 않는 작은 학용품을 올려 둔다.

해설 책상 위에는 이번 시간에 배울 교과서와 공책, 학용품을 올려 둡니다.

---

11 흉내 내는 말과 뜻을 알맞게 선으로 이으시오. 》 〈국어〉

상글상글 —— 몸을 부르르 떠는 모양.

부들부들 —— 남이 모르게 실며시 움직이는 모양.

해설 '상글상글'은 남이 모르게 실며시 움직이는 모양이고, '부들부들'은 몸을 부르르 떠는 모양입니다.

---

12 흉내 내는 말에 모두 ○표를 하세요. 》 〈국어〉

사과　　드르렁　　무지개　　느릿느릿

해설 드르렁은 크게 코를 고는 소리를 흉내 내는 말이고, 느릿느릿은 느리게 움직이는 모양을 흉내 내는 말입니다.

▲ 정답과 해설 31쪽

2주차 정리 학습

안전 대중교통을 안전하게 이용해요

과학 동물들이 겨울나기와 겨울잠

사회 우리나라의 민속놀이

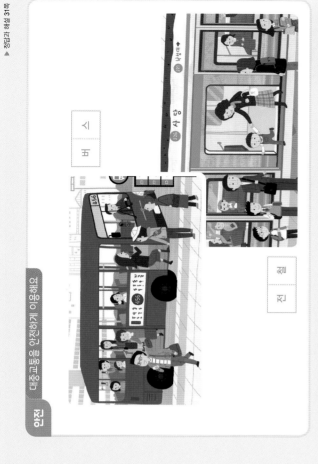

사회 세계의 전통 놀이

국어

문장 부호를 사용해요

▶ 정답과 해설 32쪽

사회

가족이 된 반려동물

사회

물건을 정리해요

사회

아끼고 절약해요

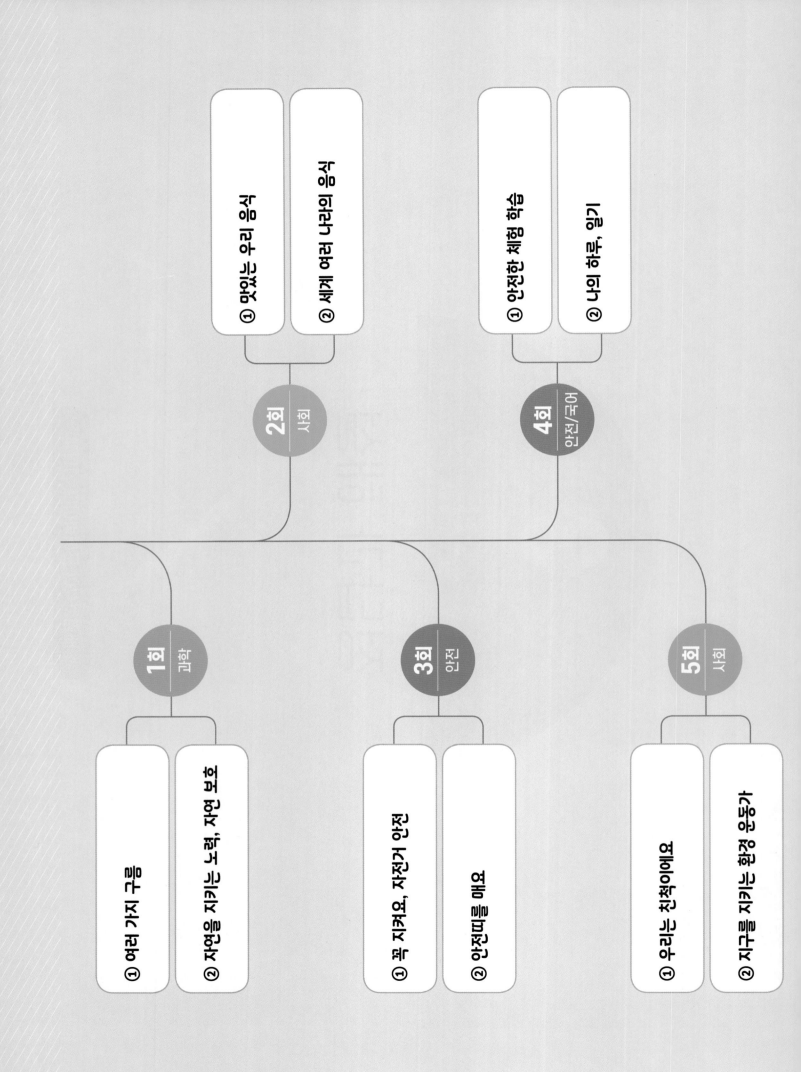

2회
사회
① 맛있는 우리 음식
② 세계 여러 나라의 음식

4회
안전/국어
① 안전한 체험 학습
② 나의 하루, 일기

1회
과학
① 여러 가지 구름
② 자연을 지키는 노력, 자연 보호

3회
안전
① 꼭 지켜요, 자전거 안전
② 안전띠를 매요

5회
사회
① 우리는 친척이에요
② 지구를 지키는 환경 운동가

1회 ①
3주차
여러 가지 구름

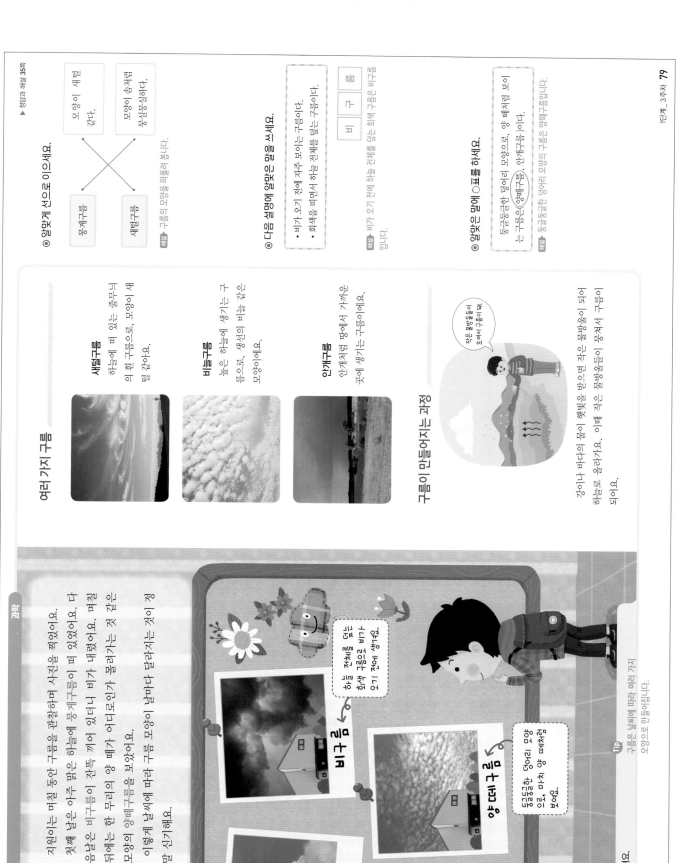

과학

지원이는 며칠 동안 구름을 관찰하며 사진을 찍었어요. 첫째 날은 아주 많은 뭉게구름이 하늘에 끼어 있었어요. 다음날은 비구름이 전속 끼어 있더니 비가 내렸어요. 며칠 뒤에는 한 무리의 양 떼가 어디로인가 몰려가는 것 같은 모양의 양떼구름을 보았어요. 이렇게 날씨에 따라 구름 모양이 날마다 달라지는 것이 정말 신기해요.

뭉게구름
솜을 쌓아 놓은 것처럼 뭉실뭉실한 모양으로, 맑은 날에 하늘에 나타나요.

양떼구름
뭉실뭉실한 덩어리 모양으로, 마치 양 떼처럼 보여요.

비구름
하늘 전체를 덮는 흐린 구름으로 비가 오기 전에 생겨요.

이해 날씨에 따라 □□ 모양이 달라져요.

Tip 구름은 날씨에 따라 여러 가지 모양으로 만들어집니다.

여러 가지 구름

새털구름
하늘에 떠 있는 줄무늬의 흰 구름으로, 모양이 새털 같아요.

비늘구름
높은 하늘에 생기는 구름으로, 생선의 비늘 같은 모양이에요.

안개구름
안개처럼 땅에서 가까운 곳에 생기는 구름이에요.

구름이 만들어지는 과정

(작은 물방울들이 모여서 구름이 돼)

강이나 바다의 물이 햇빛을 받으면 작은 물방울이 되어 하늘로 올라가요. 이때 작은 물방울들이 뭉쳐서 구름이 되어요.

◉ 알맞게 선으로 이으세요.

뭉게구름	새털구름

- 모양이 새털 같다.
- 모양이 솜처럼 뭉실뭉실하다.

해설 구름의 모양을 떠올려 봅니다.

◉ 다음 설명에 알맞은 말을 쓰세요.

- 비가 오기 전에 자주 보이는 구름이다.
- 햇살을 띠면서 하늘 전체를 덮는 구름이다.

[비][구][름]

해설 비가 오기 전에 하늘 전체를 덮는 흐린 구름은 비구름이다.

◉ 알맞은 말에 ○표를 하세요.

뭉게뭉게 덩어리 모양으로, 양 떼처럼 보이는 구름은 (양떼구름, 안개구름)이다.

해설 뭉게뭉게 덩어리진 구름은 아래에...

3주차
1회 ②
과학

자연을 지키는 노력, 자연 보호

공원으로 나들이를 가서 초록색 나무와 예쁜 꽃을 보았어요. 사슴 우리와 토끼 사육장에서 예쁜 사슴과 귀여운 토끼도 보았어요. 기분이 정말 좋았어요.

나무와 꽃과 동물들을 보니 자연을 더 소중하게 생각하고 보호해야겠다는 생각이 들었어요. 이렇게 우리 주변을 둘러싼 식물이나 동물 등이 망가지지 않고 더 좋게 되도록 노력하는 일을 '자연 보호'라고 해요.

동물을 보호하려면
• 동물에게 먹이를 함부로 주지 않아요.
• 당연히 동물을 괴롭히지 않아요.

식물을 보호하려면
• 나뭇가지나 꽃을 꺾지 않아요.
• 식물을 함부로 만지지 않아요.

이해 자연이 망가지지 않으려면 □□□ □□□을 하는 것이 좋은 방법이에요.
자연 보호

자연을 보호하는 또 다른 방법

식물을 심고 가꾸어요.

물이 오염되지 않도록 해요.

일회용품 사용을 줄여요.

자연을 보호해야 하는 까닭

자연이 망가지면 동물과 식물, 그리고 사람들이 살기 힘들어져요. 그러므로 조상이 물려주신 아름다운 자연을 잘 지키고 가꾸어서 다시 물려주어야 해요.

◎ 다음 설명에 알맞은 말을 쓰세요.

> 우리 주변을 둘러싼 식물이나 동물 등이 자연 이 망가지지 않고 더 좋게 되도록 노력하는 일을 말한다.

자	연	보	호

해설 자연 보호에 대한 설명입니다.

◎ 자연 보호를 하는 방법에 모두 ○표를 하세요.

일회용품 사용을 줄인다. ○

동물들을 괴롭히지 않는다. ○

동물들에게 내가 가져간 먹이를 계속 준다. □

해설 동물에게는 정해진 먹이를 주어야 안전합니다.

◎ 알맞은 말에 ○표를 하세요.

(자연), 진물 이 망가지면 동물과 식물, 그리고 사람들이 살기 힘듭니다.

동물과 식물, 사람을 위해서 자연을 보호해야 합니다.

해설 동물과 식물, 사람들이 살기 위해서 자연을 보호해야 합니다.

맛있는 우리 음식

사회

할머니 댁에 갔어요. 할머니께서는 우리나라 전통 음식으로 상을 차려 주셨어요. 나물을 넣어 비빈 비빔밥, 국물이 진한 삼계탕, 배추에 고춧가루와 양념을 버무린 김치 등 맛있는 음식이 가득했어요.

할머니께서는 우리 음식이 외국에서도 많이 사랑받고 있다고 하셨어요. 신선한 제철 재료를 이용하여 몸에 좋은 우리 방법으로 만들어서 그런가 봐요.

TIP 우리나라의 대표 음식에는 김치, 비빔밥, 떡, 삼계탕 등이 있습니다.

비빔밥
밥에 여러 가지 나물 등을 넣고 양념을 넣어 비벼 먹는 음식이에요.

김치
배추나 무 등을 소금에 절여서 고춧가루와 여러 가지 양념에 버무린 음식이에요.

여러 가지 우리 음식

떡
곡식 가루를 쪄거나 삶아서 익힌 음식으로, 송편, 인절미 등이 있어요.

잡채
채소와 고기를 얇게 썰어 볶은 것에, 삶은 당면을 섞어서 먹는 음식이에요.

갈비찜
소나 돼지의 갈비에 여러 가지 채소를 넣고 양념하여 푹 익힌 음식이에요.

삼계탕
닭에 인삼과 대추, 찹쌀 등을 넣고 오랜 시간 동안 푹 끓여서 만드는 음식이에요.

▲ 정답과 해설 37쪽

◉ 우리나라의 음식에 모두 ○표 하세요.

삼계탕	김치
잡채	수블라키
케밥	갈비찜

해설 삼계탕, 김치, 잡채, 갈비찜은 우리나라의 음식이고, 케밥과 수블라키는 외국에서 들어온 음식입니다.

◉ 다음 설명에 알맞은 말을 쓰세요.

· 곡식 가루를 찌거나 삶아서 만드는 음식이다.
· 송편이나 인절미 등이 있다.

[떡]

해설 떡은 곡식 가루를 찌거나 삶아서 만드는 음식입니다.

◉ 알맞게 선으로 이으세요.

밤에 나물과 고기, 양념 등을 넣고 비벼서 먹는 음식. — 비빔밥

소나 돼지의 갈비에 여러 가지 채소를 넣고 양념하여 푹 익힌 음식. — 갈비찜

해설 갈비찜은 소나 돼지의 갈비에 채소를 넣고 양념하여 익힌 음식이고, 비빔밥은 밥에 나물과 고기, 양념 등을 넣고 비벼서 먹는 음식입니다.

세계 여러 나라의 음식

원이네 가족이 세계 음식을 먹을 수 있는 음식점에 갔어요. 아빠는 일본 음식인 스시를, 엄마는 멕시코 음식인 타코스를 골랐어요. 원이는 무엇을 먼저 먹을지 고민하다가 이탈리아 음식인 피자를 골랐어요. 원이는 위에빵이나 피, 탄두리치킨이나 퐁뒤도 먹고 싶었어요.

이런 음식들은 원래 그 나라 사람들만 먹었지만, 지금은 전 세계인이 함께 즐겨요.

사회

스시
밥에 식초, 설탕, 소금 장거리 맞춰 생선 등을 얹어 만든 일본 음식이에요.

피자
밀가루 반죽 위에 토마토, 햄, 치즈 등을 올려서 구운 이탈리아 음식이에요.

타코스
옥수수가루 반죽을 구워 만든 토르티야에 채소, 고기 등을 싸 먹는 멕시코 음식이에요.

어휘: □□는 밀가루 반죽 위에 토마토, 햄, 치즈 따위를 올려서 구운 음식이에요. 각 나라 음식의 특징은 무엇이 있는지 생각해 봅시다.
피자

여러 가지 세계 음식

중국의 위에빵
밀가루 반죽에 팥, 견과류 등을 넣어 구운 중국 음식이에요. 우리나라에서는 '월 병'이라고 불러요.

베트남의 퍼
고기 국물에 쌀로 만든 국수와 숙주 등을 넣은 베트남 음식이에요. 우리나라에서는 '쌀국수'라고 해요.

인도의 탄두리치킨
닭을 향신료와 요구르트로 양념을 해서 구워 낸 인도 음식이에요.

스위스의 퐁뒤
긴 막대에 음식을 끼워서 치즈나 초콜릿에 찍어 먹는 스위스 음식이에요.

◉ 다른 나라의 음식에 모두 ○표를 하세요.

위에빵	된장국	떡국
송편	퍼	오곡밥

해설: 위에빵은 중국 음식이고, 퍼는 베트남 음식입니다.

◉ 다음 설명에 알맞은 말을 쓰세요.

· 고기 국물에 쌀로 만든 국수와 숙주 등을 넣어 서 만든다.
· □□□ 음식이다.

퍼

해설: 퍼는 베트남의 음식으로, 고기 국물에 쌀로 만든 국수와 숙주 등을 넣어 만듭니다.

◉ 세계의 음식에 대한 알맞은 설명에 ○표를 하 세요.

· 퐁뒤는 긴 막대에 음식을 끼워 치 즈나 초콜릿에 찍어 먹는 음식이다. (○)

· 타코스는 밀가루 반죽에 토마토, 햄, 치즈 등을 올려서 구운 이탈리아 음식이다. ( )

해설: 타코스는 토르티야에 채소, 고기 등을 싸 먹는 멕시코 음식입니다.

3회 ①

꼭 지켜요, 자전거 안전

안전

친구는 공원에서 자전거를 탔어요. 상쾌한 바람을 맞으며 자전거를 타는 것은 정말 즐거워요.

자전거를 탈 때는 자전거 안전에 주의해야 해요. 먼저 자전거에 문제가 없는지 확인하고, 안전모와 보호구를 꼭 해야 해요. 준비 운동도 잊지 말고요. 옷차림은 편한 것이 좋아요. 또 슬리퍼 같이 벗겨지기 쉬운 신발은 신지 않아요. 또 자전거는 밝은 낮에 타는 것이 안전하겠지요?

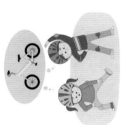

안전모와 보호구를 해요
머리를 보호하는 안전모와 팔꿈치, 무릎을 보호하는 보호구를 모두 해요.

밝은 낮에 타요
안전을 위해 어두운 밤이나, 비가 오는 날에는 타지 않아요.

TIP 자전거를 탈 때 주의할 점을 살펴봅니다.

이해 □□□를 탈 때는 안전모와 보호구를 꼭 해요. → 자전거

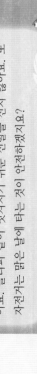

여러 가지 자전거 안전 규칙

준비 운동을 해요.
자전거를 타기 전에는 손목, 발목, 허리, 다리 등을 충분히 풀어 주는 준비 운동을 해요.

앞을 보며 타요.
앞을 잘 보며 타고, 앞사람과 부딪히지 않도록 알맞게 떨어져서 타요.

한 줄로 타요.
여러 사람이 함께 탈 때는 한 줄로 타요. 뒷 사람이 앞질러 나갈 때는 '따르릉' 신호를 주어야 해요.

내리막길은 내려서 걸어가요.
내리막길이나 오르막길, 횡단보도에서는 자전거에서 내려서 끌고 가요.

◉ 자전거를 타기에 알맞은 때에 ○표를 하세요.

(맑은 날)   비가 오는 날
어두운 밤   눈이 오는 날

해설 비나 눈이 오는 날씨이거나 어두운 밤에는 안전을 위해 자전거를 타지 않습니다.

◉ 자전거를 탈 때 주의할 내용에 모두 ○표를 하세요.

옆과 뒤만 보며 자전거를 탄다. □
여럿이 함께 탈 때는 한 줄로 탄다. ○
내리막길에서는 자전거에서 내려서 끌고 간다. ○

해설 자전거를 탈 때는 앞을 보면서 타야 합니다.

◉ 알맞은 말에 ○표를 하세요.

친구들과 자전거를 탈 때는 머리를 보호하는 (안전모)와 팔꿈치, 무릎을 보호하는 보호구를 꼭 해야 한다.

해설 자전거를 탈 때는 안전모와 보호구를 꼭 해야 합니다.

3회 ②
안전띠를 매요

안전

오늘은 시골에 계신 할머니댁에 가는 날이에요. 신나는 마음으로 자동차에 탔어요.

자리에 앉자마자 가장 먼저 안전띠를 맸어요. 아빠께서 안전띠를 맬 때에 혹시라도 교통사고가 났을 때 안전띠가 몸을 고정시켜 주어 덜 다치고 생명을 지켜 준다고 하셨거든요.

나와 누나는 안전띠를 제대로 맸는지 다시 한 번 살펴보았답니다.

안전띠를 매는 방법
• 안전띠가 꼬이거나 않도록 길게 잡아당겨요.
• 가슴을 덮어 넣어요. 쇄골 아래 딱딱가 하는 스러룰 꼭 확인해요.
• 허리띠 부분은 엉덩이, 어깨띠 부분은 어깨의 가운데를 지나도록 해요.

어휘▶ 자동차를 안전하게 이용하려면 □□□를 바르게 매는
안전띠
방법을 정확하게 살펴봅니다.

자동차 안전띠를 바르게 매는

안전띠를 잘못 맨 경우

안전띠가 꼬여 있어요.

안전띠를 너무 느슨하게 맸어요.

어깨띠 부분이 목에 닿았어요.

안전띠를 두 사람이 매고 있어요.

◎ 다음 설명에 알맞은 말을 쓰세요.
• 자동차를 타면 안전을 위해 꼭 매야 하는 것이다.
• 자동차 의자에 몸을 고정시켜 준다.

안	전	띠

해설 안전띠에 대한 설명입니다.

◎ 알맞은 말에 ○표를 하세요.
안전띠를 맬 때는 허리띠 부분은 골반에, 어깨띠 부분은 (어깨 , 목) 가운데를 지나도록 한다.

해설 안전띠를 맬 때 어깨띠 부분은 어깨의 가운데를 지나도록 합니다.

◎ 알맞은 내용에 ○표를 하세요.

□ 너무 답답하지 않도록 안전띠를 느슨하게 매야 한다.

○ 안전띠의 걸쇠를 넣을 때 '딸깍' 하는 소리를 꼭 확인해야 한다.

해설 안전띠를 느슨하게 매면 교통사고가 났을 때 다칠 수 있습니다.

안전한 체험 학습

4회 ① 3주차 안전

▲ 정답과 해설 41쪽

생태 공원으로 체험 학습을 왔어요. 바람이 산들산들 불고, 꽃이 한들거렸어요. 유나가 신이 나서 꽃밭 뒤에 가려는데 선생님께서 불렀어요. 선생님께서 밖에서는 안전 수칙을 잘 지켜야한다고 말씀하셨어요. 사람들이 많은 곳에서 어린이는 혼자 다니지 않고, 친구들이나 선생님과 함께 다녀야 한대요. 또 사람들이 많은 곳은 복잡하기 때문에 질서를 잘 지키는 것도 기본이고요.

질서를 지켜요
사람이 많으므로 차례대로 줄을 서요.

혼자 다니지 않아요
어린이가 혼자 다니면 길을 잃을 수도 있으므로 친구나 선생님과 함께 다녀요.

꽃을 보호해 주세요!

연못 가에서는 조심하세요!

이해 야외로 체험 학습을 갔을 때는 □□를 잘 지켜야 해요. 질서
적용 야외에서 체험 학습을 할 때는 혼자 다니지 않고, 질서를 잘 지켜야 한다.

여러 가지 야외 안전 수칙

움직이기 편한 옷을 입어요.
바지, 체육복 등 움직이기 편한 옷을 입어요.

표지판의 주의 사항을 지켜요.
사고가 나지 않도록 표지판의 주의 사항을 잘 살펴보고 지켜요.

동식물을 함부로 만지지 않아요.
식물에 독이 있을 수도 있고, 동물에게 물릴 수 있기 때문에 함부로 만지면 안 돼요.

날씨가 나빠지면 집으로 돌아가요.
눈이나 비가 많이 내리거나 바람이 많이 불면 안전을 위해 집으로 돌아가요.

● 알맞은 말에 ○표를 하세요.

어린이가 (혼자, 여럿이) 다니면 길을 잃을 수 있으므로 친구나 선생님과 함께 다녀야 한다.

해설 어린이가 혼자 다니면 길을 잃을 수도 있습니다.

● 체험 학습을 갈 때 알맞은 옷차림에 모두 ○표를 하세요.

- 편안한 체육복
- 잘 맞는 바지
- 움직이기 불편한 치마

해설 체험 학습을 갈 때는 움직이기 편한 옷을 입는 것이 좋습니다.

● 야외 안전 수칙에 ○표를 하세요.

- 동물을 보면 만져도 된다.
- 사람들이 많은 곳에서는 질서를 지킨다. ○
- 표지판의 주의 사항은 지키지 않아도 된다.

해설 동물을 함부로 만지지 않아야 하고, 안내 표지판의 주의 사항은 꼭 지켜야 합니다.

국어

4회 3주차 ②

나의 하루, 일기

Tip 일기를 쓸 때 꼭 들어가야 하 는 내용은 날짜, 요일, 날씨, 겪은 일, 그 일에 대한 생각이 나 느낌입니다.

원아와 순수는 매일 자기 전에 일기를 써요. 그날그날 겪 은 일과 그 일에 대한 생각이나 느낌을 쓴 글을 일기라고 해 요. 하지만 일기에 하루 동안 겪은 일을 모두 쓰는 것은 아 니에요.

일기에는 가장 기억에 남는 일 한 가지를 정해서 겪은 일 이 잘 드러나게 써야 해요. 그리고 그 일과 관련하여 자신의 생각이나 느낌을 솔직하게 쓰는 것이 좋아요.

20○○년 6월 5일 토요일   날씨: 해가 반짝이는 날
제목: 배드민턴
체육관에 갔다.
처음으로 가 봤는데 사람이 정말 많았다.
준수와 배드민턴을 치고 나서
준수와 볶음밥을 먹었다.

> 겪은 일은 쓰는데 생각이나 느낌을 쓰지 않았어요.

20○○년 6월 5일 토요일
제목: 재미있는 시합
하얀아와 배드민턴을 쳤는데 내가 졌다.
아쉬웠다. 다음에는 이길 수 있게
연습을 해야겠다.
시합을 마치고 다 같이 저녁을 먹었다.
즐거운 하루였다.

> 겪은 일과 그 일에 대 한 생각이나 느낌을 잘 썼어요.

이해 □□에는 그날 겪은 일에 대한 생각이나 느낌을 써야 해요.
일기

일기에 들어가는 내용

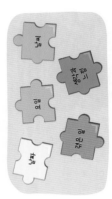

> 그림일기보다 글로 쓰는 일기에서 자신의 생각을 더 자세하게 쓸 수 있지.

일기에는 날짜, 요일, 날씨와 겪은 일, 그 일에 대한 생각이나 느낌이 들어가요.

겪은 일이 잘 드러나게 일기를 쓰는 방법

일기를 쓸 때는 그날 겪은 일 중에서 가장 기억에 남는 일을 써요.
┈ 그날 겪은 일을 떠올려요.

언제, 어디서, 누구와 있었던 일인지 떠올려 보고, 겪 은 일과 그 일에 대한 생각이나 느낌을 정리해요.
┈ 한 가지 일을 정해 쓸 내용을 정리해요.

날짜와 요일, 날씨를 먼저 쓰고, 정리한 내용을 중심으 로 일기를 써요.
┈ 정리한 내용을 바탕으로 일기를 써요.

◎ 다음 설명에 알맞은 말을 쓰세요.

그날그날 겪은 일과 그 일에 대한 생각이나 느 낌을 쓴 글을 말한다.

해설 일기에 대한 설명입니다.

일 기

◎ 일기에 들어가는 내용에 모두 ○표를 하세요.

날짜   요일   날씨   겪은 일   받은 사람   쓰는 장소

해설 일기에는 날짜, 요일, 날씨, 겪은 일, 그 일에 대한 생각이나 느낌을 써야 합니다.

◎ 일기에 대한 설명에 ○표를 하세요.

직접 겪지는 않았지만 재미있었던 일을 한 가지 정해 모두 쓴다.

그날 겪은 일이 잘 드러나게 쓰고 그 일에 대한 생각이나 느낌을 쓴다.   ○

해설 일기에는 그날 겪은 일이 잘 드러나게 쓰고 그 일에 대한 생각이나 느낌을 써야 합니다.

▲ 정답과 해설 42쪽

5회 3주차 ①

우리는 친척이에요

사회

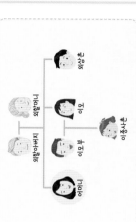

진할아버지의 70세 생신을 기념하여 친척들이 모였어요. 서연이가 축하 노래를 부르니 진할아버지와 진할머니도 좋아하시고 큰아버지, 큰어머니와 고모께서도 활짝 웃으셨어요. 사촌 오빠도 서연이와 함께 큰 소리로 노래를 불렀어요. 진할아버지와 진할머니께서도 친척들과 함께 즐거운 시간을 보내서 아주 기분이 좋다고 하셨어요. 진할아버지와 진할머니께서 건강하게 오래오래 사셨으면 좋겠어요.

큰아버지 응. 아버지의 형.

큰어머니 응이. 아버지 형의 아내.

고모 아버지의 누나 또는 여동생.

사촌 아버지 형제의 자녀.

TIP 아버지, 어머니와 핏줄이 같은 가까운 사람들을 친척이라고 합니다.

어휘 큰아버지, 큰어머니, 고모, 사촌 등을 □□이라고 해요. 친척

아버지와 관련된 친척 관계도

진할아버지 · 진할머니 · 큰아버지 · 큰어머니 · 고모 · 고모부 · 사촌 · 아버지

어머니와 관련된 친척 관계도

외할아버지 어머니의 아버지예요.

외할머니 어머니의 어머니예요.

이모 어머니의 언니 또는 여동생이에요.

이모부 이모의 남편이에요.

외삼촌 어머니의 남자 형제예요.

외할아버지 · 외할머니 · 외삼촌 · 이모 · 이모부 · 이종사촌 · 어머니

▶ 정답과 해설 43쪽

◉ 친척을 부르는 말에 모두 ○표를 하세요.

고모　사촌　친구
큰어머니　이모부
선생님

해설 친구, 선생님은 친척에 포함되지 않습니다.

◉ 다음 설명에 알맞은 말을 쓰세요.

• 아버지의 남자 형제이다.
• 아버지보다 나이가 많다.

[큰] [아] [버] [지]

해설 아버지의 남자 형제로, 아버지보다 나이가 많은 사람은 큰아버지입니다.

◉ 알맞게 선으로 이으세요.

이모부 ——— 이모의 남편.

외삼촌 ——— 어머니의 남자 형제.

해설 이모부는 이모의 남편이고, 외삼촌은 어머니의 남자 형제를 말합니다.

5회 3주차 ②

사회

지구를 지키는 환경 운동가

"여름인데 나무 주위서 과일이 안 익어요."

이처럼 지구의 날씨가 계속 이상하게 바뀌고 있어요. 지구가 점점 오염되고 있기 때문이에요. 지구는 우리 모두가 함께 사는 곳이기 때문에 힘을 모아 보호해야 해요.

아주 오래 전부터 지구의 환경을 보호해야 한다고 외친 사람들이 있어요. 바로 레이철 카슨과 왕가리 마타이예요. 두 사람 모두 지구의 환경을 지키기 위해 노력했답니다.

레이철 카슨과 살충제 사용 반대

레이철 카슨은 처음을 자연과 사람 모두에게 매우 위험하다는 것을 알고 더 이상 사용하면 안 된다고 했어요. 그 결과 살충제 사용이 금지되었고, 전 세계적으로 환경 보호 운동이 시작되었어요.

왕가리 마타이와 나무 심기 운동

왕가리 마타이는 나무를 많이 베어 내서 물이 부족해지고 메말라 버린 땅에서 힘들어하는 아프리카 사람들을 보고 나무 심기 운동을 시작했어요. 많은 사람들이 나무를 심어 숲이 점점 되살아나면서 아프리카의 환경은 점점 좋아졌어요.

지구 환경을 위한 우리의 노력

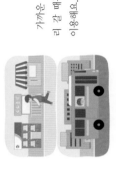

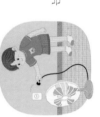

가까운 곳은 전고 멀리 갈 때는 대중교통을 이용해요.

전기를 사용하지 않을 때는 플러그를 뽑아그릴.

겨울철이나 여름철에는 냉방이나 난방의 온도를 알맞게 조절해요.

▲ 정답과 해설 44쪽

◉ 지구의 환경을 지키기 위해 노력한 사람들을 모두 골라 ○표를 하세요.

(레이철 카슨)
주몽
포드
(왕가리 마타이)

해설 레이철 카슨과 왕가리 마타이는 지구의 환경을 위해 노력한 사람입니다.

◉ 알맞은 말에 ○표를 하세요.

왕가리 마타이는 메말라 버린 땅에서 힘들어하는 아프리카 사람들을 보고 (나무 심기 운동, 바다 살리기 운동)을 시작했어요.

해설 왕가리 마타이는 아프리카 사람들을 위해 나무 심기 운동을 시작했습니다.

◉ 지구의 환경을 위한 노력에 ○표를 하세요.

○ 전기를 사용하지 않을 때는 플러그를 뽑는다.

□ 여름철에는 냉방 온도를 최대한 많이 낮추는 것이 좋다.

해설 지구의 환경을 보호하기 위해서는 에너지가 많이 드는 냉방 온도를 알맞게 조절해야 합니다.

3주차

확인 문제

1 다음 구름의 이름은 무엇인가요? (②)

① 뭉게구름
② 새털구름
③ 양떼구름
④ 안개구름
⑤ 비늘구름

해설 사진은 구름이 모양이 새털 같은 새털구름입니다.

---

2 다음 설명에 알맞은 말에 ○표를 하세요.

강이나 바다의 물이 햇빛을 받으면 작은 물방울이 되어 하늘로 올라간다. 이때 작은 물방울들이 모여서 (바람 , (구름))이 된다.

해설 구름이 만들어지는 과정에 대한 설명입니다.

---

3 자연 보호를 해야 하는 까닭에 ○표를 하세요.

(1) 자연에서 연료로 쓸 수 있는 것을 비싸게 팔 수 있기 때문이다. ( )
(2) 자연은 한번 망가지면 동물과 식물이 살아가기 힘들기 때문이다. (○)

해설 사람뿐 아니라 동물과 식물을 위해서라도 자연을 보호해야 합니다.

---

4 다음 설명에 알맞은 음식을 쓰세요.

채소와 고기를 잘게 썰어서 볶은 것에, 삶은 당면을 섞어서 먹는 음식이다. [잡채]

해설 여러 가지 채소와 고기, 당면을 섞어서 먹는 음식은 잡채입니다.

3주차 | 확인 문제

▶ 정답과 해설 45쪽

5 세계 여러 나라의 음식을 알맞게 선으로 이으세요.

스시 — 밥에 식초, 설탕을 넣고 식재 뭉쳐 생선 등을 얹은 일본 음식.

타코스 — 옥수수가루 반죽을 구워 만든 토르티야에 채소, 고기 등을 싸 먹는 음식.

해설 스시와 타코스의 특징을 생각하며 이어 봅니다.

---

6 각 나라에 알맞은 음식을 찾아 기호를 쓰세요.

㉮ 피 ㉯ 피자 ㉰ 위에빵

(1) 중국: (㉰) (2) 베트남: (㉮) (3) 이탈리아: (㉯)

해설 위에빵은 중국, 피는 베트남, 피자는 이탈리아의 음식입니다.

---

7 자전거를 탈 때 지켜야 할 점이 아닌 것은 무엇인가요? (⑤)

① 어두운 밤에는 타지 않는다.
② 앞사람과 알맞게 떨어져서 탄다.
③ 안전모와 안전거를 꼭 해야 한다.
④ 여러 사람이 함께 탈 때는 한 줄로 탄다.
⑤ 횡단보도에서는 자전거를 탄 채로 길을 건넌다.

해설 자전거를 탈 때 횡단보도에서는 자전거에서 내려서 끌고 건너야 합니다.

---

8 자동차를 탈 때 안전띠를 하는 까닭에 ○표를 하세요.

(1) 안전띠가 무릎을 보호해 주어서 덜 다치기 때문이다. ( )
(2) 자동차의 앞뒤에 무엇이 있는지 더 잘 볼 수 있기 때문이다. ( )

해설 안전띠를 하면 교통사고가 났을 때 몸을 고정시켜 주기 때문에 덜 다칠 수 있습니다.

3주차 | 확인 문제

▲ 정답과 해설 46쪽

13 (사회) 친척을 부르는 말 중에서 다음 설명에 알맞은 말을 쓰세요. »

> 아버지의 남자 형제이다.

(외삼촌)

해설 아버지의 남자 형제는 외삼촌입니다.

14 (사회) 다음 설명에 알맞은 말에 ○표를 하세요. »

> 아버지의 여자 형제는 (고모, 이모)라고 하고, 어머니의 여자 형제는 (고모, 이모)라고 한다.

해설 고모와 이모의 차이점을 구별해 봅니다.

15 (사회) 두 사람이 한 말을 알맞게 선으로 이으세요. »

| 레이첼 카슨 | 아프리카의 환경을 위하여 나무 심기 운동을 했다. |
| 왕가리 마타이 | 지구 환경을 위하여 살충제를 사용하면 안 된다고 했다. |

해설 두 사람 모두 지구 환경을 위해 노력한 인물입니다.

3주차 | 확인 문제

9 (안전) 그림에서 안전띠를 잘못 깨달은 무엇인가요? (④) »

① 안전띠가 꼬여 있다.
② 안전띠를 두 사람이 매고 있다.
③ 안전띠가 너무 짧게 매어져 있다.
④ 안전띠가 너무 느슨하게 매어져 있다.
⑤ 안전띠의 어깨띠 부분이 목에 닿아 있다.

해설 그림에서 안전띠를 너무 느슨하게 매고 있습니다.

10 (안전) 체험 학습을 안전하게 하는 방법에 모두 ○표를 하세요. »

(1) 음직이기 편한 옷을 입는다.
(2) 어린이는 혼자 다니지 않는다.
(3) 동물을 보면 자세히 관찰하면서 만져 본다.

해설 처음 보는 동물이나 식물은 위험할 수 있기 때문에 함부로 만지지 않습니다.

11 (국어) 다음 설명에 알맞은 말에 ○표를 하세요. »

> 일기를 쓸 때는 그날 (겪은 일, 상상한 일) 중에서 가장 기억에 남는 일을 쓴다.

해설 일기는 그날 겪은 일을 쓰는 글입니다.

12 (국어) 일기의 내용을 알맞게 말한 친구의 이름을 쓰세요. »

기준: 일기에는 날짜, 요일, 날씨 등을 써. 그래야 나중에 일기를 다시 볼 때 언제 쓴 일기인지 알 수 있어.
지예: 일기에는 오늘 다른 사람에게 있었던 일을 재미있게 꾸며서 쓰지. 재미있게 꾸며서 쓰면 읽는 사람들이 좋아해.

(기준)

해설 일기는 자신이 그날 겪은 일 중 가장 기억에 남는 일을 중심 내용으로 씁니다.

3주차
정리 학습

과학 여러 가지 구름

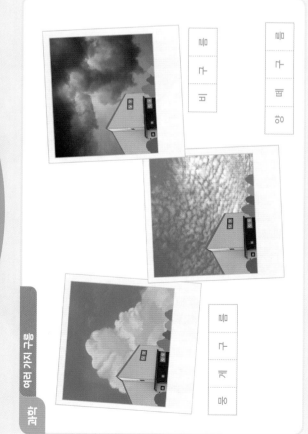

비 구 름

양 떠 구 름

뭉 게 구 름

사회 맛있는 우리 음식

삼 계 탕

비 빔 밥

사회 세계 여러 나라의 음식

타 코 스

피 자

스 시

과학 자연을 지키는 노력, 자연 보호

자 연 보 호 를 해요.

▲ 정답과 해설 47쪽

국어 · 나의 하루 일기

▶ 정답과 해설 48쪽

2000년 6월 5일 토요일 날씨: 맑음

제목: 재미있는 □□□

한□□와 배드민턴을 쳤는데 내가 졌다.
아쉬웠다. 다음에는 이길 수 있게
연습해야겠다.
식당을 마치고 다 같이 저녁을 먹었다.
즐거운 하루였다.

일 기

사회 · 우리는 친척이에요

고 모

삼 촌

외 할 머 니

이 모

안전 · 꼭 지켜요, 자전거 안전

안 전 모 를 쓰세요

안전 · 안전띠를 매요

안 전 띠 를 매요

4

주차

정답과 해설

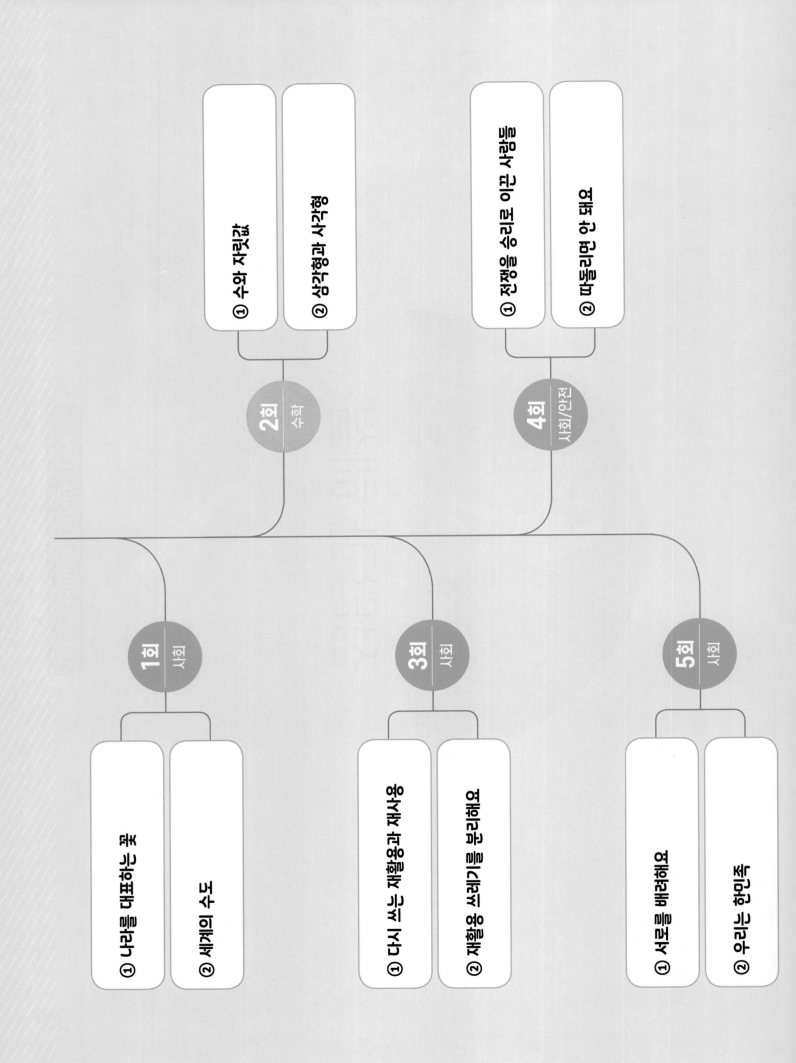

2회 수학
① 수와 자릿값
② 삼각형과 사각형

4회 사회/안전
① 전쟁을 승리로 이끈 사람들
② 따돌리면 안 돼요

1회 사회
① 나라를 대표하는 꽃
② 세계의 수도

3회 사회
① 다시 쓰는 재활용과 재사용
② 재활용 쓰레기를 분리해요

5회 사회
① 서로를 배려해요
② 우리는 한민족

1회

4주차 ①

나라를 대표하는 꽃

사회

"이 세 꽃의 공통점이 뭔지 아니?"

공원에 핀 무궁화와 튤립, 아이리스를 보며 엄마가 물었어요. 우진이는 아무리 생각해도 답이 떠오르지 않았어요.

"무궁화, 튤립, 아이리스 모두 한 나라를 대표하는 꽃이잖아."

항이 불쑥 말했어요. 우진이는 무궁화가 우리나라를 대표하는 꽃이라는 것은 알고 있었는데, 튤립과 아이리스가 네덜란드와 프랑스를 대표하는 꽃이라는 것은 처음 처음 알았어요.

무궁화
대한민국을 대표하는 꽃이에요. 우리나라 어디서나 잘 자라요.

TIP 각 나라를 대표하는 꽃에는 어떤 것들이 있는지 살펴봅시다.

튤립
네덜란드를 대표하는 꽃이에요. 꽃잎이 앞안 모양을 닮았어요.

아이리스
프랑스를 대표하는 꽃이에요. 기품한 잎이 큰 모양을 닮았어요.

이해 무궁화나 튤립, 아이리스는 모두 한 나라를 대표하는 □이에요. 꽃

나라를 대표하는 여러 가지 꽃

수레국화
독일을 대표하는 꽃으로, 꽃잎이 수레바퀴처럼 생겼어요. 길가나 숲 등 아무 곳에서나 잘 자라요.

벚꽃
일본을 대표하는 꽃이에요. 꽃잎이 여질 때에는 눈이 내리는 것처럼 예뻐요.

에델바이스
스위스를 대표하는 꽃이에요. 꽃잎이 부드러운 털이 난 별 모양이라서 '알프스의 별'이라고 불려요.

수선화
파키스탄을 대표하는 꽃으로, 꽃에서 기분 좋은 향이 나서 사람들이 좋아해요.

◉ 알맞은 말에 ○표를 하세요.

네덜란드를 대표하는 꽃으로, 꽃잎이 앞안 모양을 닮은 꽃은 (벚꽃, **튤립**)이다.

해설 꽃잎이 앞안 닮은 꽃은 모양이고, 네덜란드를 대표하는 꽃은 튤립입니다.

◉ 다음 설명에 알맞은 말을 쓰세요.

· 우리나라를 대표하는 꽃이다.
· 우리나라의 어느 곳에서나 잘 자란다.

| 무 | 궁 | 화 |

해설 우리나라를 대표하는 꽃이 무궁화에 대한 설명입니다.

◉ 나라와 꽃을 알맞게 선으로 이으세요.

독일 —— 수레국화
일본 —— 벚꽃
스위스 —— 에델바이스
네덜란드 —— 튤립

해설 벚꽃은 일본, 튤립은 네덜란드, 수레국화는 독일, 에델바이스는 스위스를 대표하는 꽃입니다.

▲ 정답과 해설 52쪽

1회
4주차 ②

세계의 수도

시회

런던에 사는 사촌 형이 우리집에 왔어요. 형은 런던이 어디에 있는지 세계 지도에서 찾아보며 주었어요. 런던은 영국의 수도라고 해요. 수도는 한 나라의 중앙 정부가 있는 도시이고, 정치의 중심지예요. 나는 다른 나라의 수도가 궁금해서 형과 함께 지도에서 찾아보았어요.

우리나라의 수도는 서울이에요. 우리나라와 가까운 일본의 수도는 도쿄, 중국의 수도는 베이징이에요.

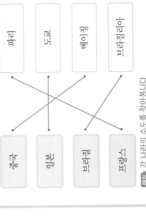

• 세계 지도 •

서울
대한민국의 수도 한가운데 흐르고, 앉아 쉴수있는 경복궁이 있어요.

런던
영국의 수도 흐리한 궂은 날씨가 자주 있고, 비가 자주 와요.

이해 한 나라의 중앙 정부가 있는 도시를 □□라고 해요. 수도. 지도에서 각 나라의 수도가 어디에 있는지 찾아봅니다.

여러 나라의 수도

베이징

중국의 수도, 세계에서 가장 큰 성인 자금성이 있어요.

도쿄

일본의 수도, 가까운 곳에 후지산이 있고, 따뜻한 온천이 발달했어요.

브라질리아

브라질의 수도, 도시가 양 옆으로 날개를 펼친 비행기처럼 생겼어요.

파리

프랑스의 수도, 도시의 중심에 센강이 흐르고 에펠 탑이 있어요.

◎ 알맞은 내용에 ○표를 하세요.

영국의 런던은 비가 자주 온다. [○]

중국의 베이징에는 에펠 탑이 있다. [ ]

해설 에펠 탑이 있는 도시는 프랑스의 파리입니다.

◎ 다음 설명에 알맞은 도시를 쓰세요.

• 대한민국의 수도이다.
• 한강이 흐르고, 경복궁이 있다.

[서 / 울]

해설 대한민국의 수도인 서울에 대한 설명입니다.

◎ 나라와 수도를 알맞게 선으로 이으세요.

나라	수도
중국	파리
일본	도쿄
브라질	베이징
프랑스	브라질리아

해설 각 나라의 수도를 찾아봅니다.

2회 ①

4주차

수학

수와 자릿값

순가락 수는 10개, 동화책은 386권…… 이렇게 셀 수 있는 사물을 세어서 나타낸 값을 '수'라고 해요. 10은 두 자리 수이고, 386은 세 자리 수예요. 수가 점점 커져도 자릿값만 잘 알고 있으면 복잡하지 않아요. 자릿값은 각 자리의 숫자가 나타내는 값인데, 같은 숫자라도 위치에 따라 나타내는 값이 달라요. 예를 들어 555라는 숫자에서 첫 번째 5는 500, 두 번째 5는 50, 마지막 5는 5를 나타내지요.

손가락 수는 10개

내 방에 있는 동화책은 386권

555는 백의 자리, 십의 자리, 일의 자리 숫자가 모두 5인 세 자리 수야.

555

| 백의 자리 | 십의 자리 | 일의 자리 |

Tip 셀 수 있는 사물을 세어서 나타낸 값을 □라고 해요.

이해 셀 수 있는 사물을 세어서 나타낸 값. 주변에 있는 물건을 세어서 나타낸 값인 수이고, 이것을 표현한 기호가 숫자입니다.

세 자리 수를 읽는 방법

100이 ■, 10이 ▲, 1이 ●인 수는 ■▲●라 쓰고, ■백▲십●이라고 읽어요. '386'은 '삼백팔십육'이라고 읽어요.

세 자리 수의 자릿값

386에서 각 자리의 숫자가 나타내는 값이 바로 그 숫자의 자릿값이에요.

백의 자리	십의 자리	일의 자리
100	10	1
3	8	6

→

3	0	0
	8	0
		6

300 나타내는 값: 300
80 나타내는 값: 80
6 나타내는 값: 6

자릿값의 원리

오른쪽부터 일, 십, 백의 자리로 한 자리씩 옮겨 가며 차례로 일, 십, 백의 자리. 왼쪽으로 한 자리씩 옮겨 갈 때마다 10배씩 커지는 거예요.

자리의 숫자가 0일 때 읽는 방법

읽지 않는 자리에는 0을 쓰고, 자리의 숫자가 0일 때는 읽지 않아야 해요.

읽기 ↑	오천	팔백		사
쓰기 ↑	5	8	0	4

쓰기 ↑	3	0	6	2
읽기 ↑	삼천		육십	이

여기에서 0인 자리의 자릿값은 '영'이라 읽지 않고 연습을 해요.

▲ 정답과 해설 53쪽

◉ 알맞게 선으로 이으세요.

276 ⤬ 구백일
901 ⤬ 이백칠십육

해설 276은 이백칠십육, 901은 구백일이라고 읽습니다.

◉ 알맞은 수에 ○표를 하세요.

100이 7, 10이 3, 1이 6인 수는 (367 **736**)

해설 100이 7, 10이 3, 1이 6인 수는 736입니다.

◉ 알맞은 내용에 ○표를 하세요.

어떤 수에서 왼쪽의 한 자리 숫자가 0일 때 왼쪽의 한 자리 숫자는 읽지 않는다. ○

자릿값은 왼쪽으로 한 자리씩 옮겨 갈 때마다 100배가 커진다. □

해설 자릿값은 왼쪽으로 한 자리씩 옮겨 갈 때마다 10배씩 커집니다.

2회 4주차 ②

삼각형과 사각형

수학

야호! 오늘 간식은 삼각형 모양과 사각형 모양의 샌드위치예요. 삼각형 모양은 뾰족한 곳이 셋이고, 사각형 모양은 네 곳이에요. 내가 먹고 싶은 샌드위치를 고르려면 삼각형과 사각형의 모양을 정확히 구분해야 해요. 삼각형이나 사각형에서 곧은 선은 변이라고 하고, 변과 변이 만나는 뾰족한 부분은 꼭짓점이라고 해요. 또 변과 꼭짓점이 3개인 모양은 삼각형이고, 변과 꼭짓점이 4개인 모양은 사각형이에요.

> 변과 꼭짓점이 3개인 모양은 삼각형이고, 변과 꼭짓점이 4개인 모양은 사각형이야.

꼭짓점

변

곧은 선은 변, 변과 변이 만나는 뾰족한 부분은 꼭짓점입니다.

이해 변과 꼭짓점이 3개인 모양을 □□□이라고 해요.
삼각형

삼각형

삼각형은 곧은 선 3개로 둘러싸여 있어서 변이 3개, 꼭짓점도 3개예요.

꼭짓점 / 변

삼각형은 곧은 선 3개로 둘러싸여 있어서 변이 3개, 꼭짓점도 3개입니다.

사각형

사각형은 곧은 선 4개로 둘러싸여 있어요. 그래서 사각형은 변이 4개, 꼭짓점도 4개예요.

꼭짓점 / 변

삼각형과 사각형이 아닌 것을 구별해요

굽은 선이 있는 모양은 삼각형도, 사각형도 아니에요.

끊어진 부분이 있어도 삼각형도, 사각형도 아니에요. 삼각형이나 사각형은 반드시 곧은 선으로 둘러싸여 있어야 해요.

◉ 알맞은 말을 쓰세요.

꼭짓점 / 변 / 꼭짓점

곧은 선은 변이고, 변과 변이 만나는 뾰족한 부분은 꼭짓점입니다.

◉ 알맞은 것에 ○표를 하세요.

삼각형은 변이 (3 , 4)개, 꼭짓점이 (3 , 4)개이다.

해설 삼각형은 변이 3개, 꼭짓점이 3개입니다.

◉ 사각형에 ○표를 하세요.

해설 사각형은 변이 4개, 꼭짓점이 4개입니다.

3회

4주차 ①

다시 쓰는 재활용과 재사용

사회

우리는 물건을 쉽게 쓰고 쉽게 버려요. 그래서 쓰레기가 계속 늘고 있어요. 물론 쓰레기가 안 생길 수는 없어요. 하지만 노력하면 줄일 수 있어요. 쓰레기를 줄이기 위해서는 어떻게 해야 할까요?

먼저 버릴 물건을 다른 물건으로 되살려 쓰는 재활용을 하면 돼요. 또 버릴 물건을 그대로 다시 쓰는 재사용을 하면 쓰레기가 더 많이 생기는 것을 막을 수 있어요.

재활용
버릴 물건을 특별한 방법으로 손질하여 다른 물건으로 되살려 쓰는 것을 말해요.

재사용
버릴 물건을 손질하여 그대로 다시 쓰는 것을 말해요.

TIP 재활용은 버릴 물건을 다른 물건으로 되살려 쓰는 것이고, 재사용은 버릴 물건을 그대로 다시 쓰는 것을 말합니다.

어휘 □□□ 이런 버릴 물건을 손질하여 그대로 다시 쓰는 것을 말해요.
재사용

생활 속 재활용품

페트병으로 옷을 만들어요.
- 페트병을 잘게 잘라요.
- 실을 뽑아요.
- 실로 만들어요.
- 옷을 만들어요.

우유 팩으로 휴지를 만들어요.
- 우유 팩을 기계에 넣고 휴지로 만들 펄프를 얻어요.
- 펄프를 깨끗하게 소독해요.
- 휴지를 만들어요.

◉ 페트병을 재활용하여 만들 수 있는 것에 ○표를 하세요.

(옷)　과자　파일

해설 페트병을 재활용하면 옷을 만들 수 있습니다.

◉ 다음 설명에 알맞은 말을 쓰세요.

· '이것'을 하면 쓰레기를 줄일 수 있다.
· 버릴 물건을 손질하여 그대로 다시 쓰는 것을 말한다.

재 사 용

해설 재사용을 하면 버릴 물건을 그대로 다시 쓰는 것이기 때문에 쓰레기를 줄일 수 있습니다.

◉ 알맞은 말에 ○표를 하세요.

버릴 물건을 특별한 방법으로 손질하여 다른 물건으로 되살려 쓰는 것을 (재활용 , 재사용)이라고 한다.

해설 버릴 물건을 특별한 방법으로 손질하여 다른 물건으로 되살려 쓰는 것을 재활용이라고 합니다.

3회

4주차 ②

사회

재활용 쓰레기를 분리해요

쓰레기를 버릴 때는 다시 쓸 수 있는 것과 그렇지 않은 것으로 나누어서 버려야 해요. 그래야 재활용 쓰레기를 따로 모을 수 있거든요.

재활용 쓰레기는 다시 쓸 수 있는 종이, 플라스틱, 스티로폼 등 종류별로 나누어서 버려요. 재활용 쓰레기를 버리는 4가지 방법에는 비우기, 헹구기, 분리하기, 섞지 않기가 있어요.

분리하기
상표나 뚜껑이 있으면

헹구기
물로 깨끗이 씻어요.

섞지 않기
종이, 플라스틱, 병 등 종류별로 나누어요.

비우기
남은 내용물은

종이 ┃ 비닐 ┃ 캔·병 ┃ 플라스틱

쓰레기는 분리해서 버려야 해요.

TIP 재활용 쓰레기를 분리하여 버리면 이것을 특별한 방법으로 손질하여 다른 물건으로 되살릴 수 있습니다.

쓰레기 분리배출 방법

종이
폐지와 우유 팩은 따로따로 버려요.

플라스틱
투명한 것과 색이 있는 것으로 나누어 버려요. 이때 상표는 모두 없애야 해요.

스티로폼
상표나 테이프를 떼어 내고 깨끗한 스티로폼만 모아서 버려요.

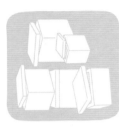

비닐
깨끗한 비닐만 모아서 버리고, 더러운 것은 일반 쓰레기로 버려요.

◉ 다음 설명에 알맞은 말을 쓰세요.

- 다시 쓸 수 있는 쓰레기를 말한다.
- '이것'은 종류별로 나누어 버려야 한다.

재	활	용	쓰	레	기

해설 재활용 쓰레기는 재활용을 쉽게 하기 위해서 종류별로 나누어 버려야 합니다.

◉ 재활용 쓰레기를 버리는 방법과 알맞게 선으로 이으세요.

비우기

헹구기

분리하기

물로 씻는다.

내용물을 비운다.

상표나 뚜껑을 없앤다.

해설 재활용 쓰레기는 비우고, 헹구고, 분리하고, 섞지 않고 버립니다.

◉ 재활용 쓰레기에 대한 알맞은 설명에 ○표를 하세요.

종이는 폐지와 우유 팩으로 나누어 버린다. [○]

스티로폼은 지저분해도 재활용으로 버린다. [ ]

해설 지저분한 것이 묻은 재활용 쓰레기는 일반 쓰레기로 버려야 합니다.

▲ 정답과 해설 56쪽

▶ 정답과 해설 57쪽

4회차 ①

4주차

사회

전쟁을 승리로 이끈 사람들

오늘은 우리나라 역사 속에서 전쟁을 승리로 이끈 사람에 대하여 발표하는 날이에요. 우리 모둠은 이끈 이순신 장군과의 전투를 승리로 이끈 이순신 장군에 대해 발표했어요. 다른 모둠은 을지문덕 장군과 강감찬 장군에 대해 발표하네요. 모두 직접 으로부터 나라를 지킨 훌륭한 분들이에요. 우리는 나라를 위해 어떤 일을 할 수 있을지 생각해 보아야겠어요.

이순신 장군
일본군과의 바다 전투에서 모두 이겼어요.

을지문덕 장군
고구려를 침략한 수나라 군대를 무찔렀어요.

강감찬 장군
고려를 침략한 거란군을 물리쳤어요.

어휘 우리나라 역사 속에서 □□을 승리로 이끈 인물에는 이순신, 강감찬, 을지문덕이 있어요.

우리나라를 지킨 장군들

을지문덕 장군
을지문덕 장군은 고구려의 장군이에요. 수나라가 고구려에 쳐들어왔을 때 을지문덕 장군이 이끄는 고구려군이 수나라 군대를 크게 무찔렀어요.

강감찬 장군
강감찬 장군은 고려의 장군으로, 거란군이 고려를 침략했을 때 크게 이겨 고려를 지켰어요. 이때 강감찬 장군은 강물을 이용하여 10만 명이나 되는 거란군을 물리쳤다고 해요.

이순신 장군
이순신 장군은 조선의 장군으로, 일본군을 상대로 큰 승리를 거두었어요. 이순신 장군은 동네 주민들에게 강강술래를 하게 하며 방긋방긋 둘레 하여 군사가 많은 것처럼 보이게 하고, 바다의 물살이 세서 배가 움직이기 힘든 곳으로 일본군의 배를 끌어내는 방법으로 전투에서 이길 수 있었다고 해요.

거북선의 모양
거북선은 이순신 장군이 전쟁에서 사용한 배예요. 배의 바닥은 용 모양이고, 배의 몸체는 거북 등 등 모양의 두꺼운 널빤지로 덮여 있어 거북 등처럼 만들었어요. 또 널빤지 위에는 뾰족한 송곳을 꽂아서 적군의 공격에 대비하였어요.

거북선은 적을 큰 승리로 이끌었어.

◉ 알맞게 선으로 이으세요.

을지문덕 ✕ 고려

강감찬 ✕ 고구려

해설 을지문덕은 고구려, 강감찬은 고려의 장군입니다.

◉ 다음 설명에 알맞은 사람을 쓰세요.
- 조선의 장군이다.
- 일본군과 바다 전투에서 모두 이겼다.

[이 순 신]

해설 조선 시대의 장군인 이순신에 대한 설명입니다.

◉ 알맞은 내용에 ○표를 하세요.

강감찬 장군은 강물을 이용하여 거란군에게 이겼다. (○)

이순신 장군은 높고 험한 산을 이용하여 일본군을 물리쳤다.

해설 이순신 장군은 바다의 물살을 이용하여 일본군을 물리쳤습니다.

4주차
4회 ②
따돌린 안 돼

안견

여러 명의 아이가 한 친구에게만 말도 안 하고 같이 놀지도 않고 따돌리는 것을 본 적이 있나요? 이런 행동은 놀리거나 괴롭히는 것만큼이나 나쁜 행동이에요. 또 친구가 따돌림을 당하는 모습을 보면 그 친구도 외롭고 슬펐을 거예요. 또 친구가 따돌림을 당하는 모습을 보는 내 마음도 불편해지지요.

우리 모두 친구를 따돌리지 말고 서로 사이좋게 지내기로 약속해요.

따돌림을 당하면
혼자가 나고, 슬프고, 우울해져요.

친구를 따돌리면
친구에게 미안하고, 후회가 되어요.

주제 한 친구에게만 말도 안하고 놀지도 않는 것은 친구를 □□□ 행동이에요.
따돌리는

TIP 따돌림을 당했을 때는 선생님이나 어른들께 도와 달라고 해야 합니다.

친구를 따돌리는 행동을 막는 방법

한 친구를 따돌리자는 말을 들었을 때

친구를 따돌리는 것은 나쁜 행동이라고 말하고, 그 말에 따르지 않아요.

친구가 따돌림을 당할 때

따돌림을 당하는 친구의 편을 들어주고, 먼저 다가가요.

친구에게 따돌림을 당했을 때 할 일

• 화를 내지 말고 침착하게 행동해요.
• 괴롭히는 친구에게 자신감 있게 행동해요.
• 괴롭히는 친구들에게 자신의 생각을 분명하게 말해요.
• 따돌림이 계속되면 선생님이나 어른들께 도와 달라고 해요.

따돌림을 당했을 때는 혼자 해결하지 않고 도움을 요청해.

◉ 친구를 따돌렸을 때의 마음에 ○표를 하세요.

친구를 따돌리면 미안한 마음이 든다. ⬜

친구를 따돌리는 행동을 하면 기분이 좋다. ⬜

해설 친구를 따돌리면 친구에게 미안한 마음이 들고 후회가 됩니다.

◉ 알맞은 말에 ○표를 하세요.

따돌림을 당하는 친구가 있으면 먼저 (다가간다 / 모른 척한다).

해설 따돌림을 당하는 친구가 있으면 모른 척하지 않고 먼저 다가갑니다.

◉ 자신이 따돌림을 당했을 때 해야 할 일에 ○표를 하세요.

따돌리는 친구에게 선물을 한다. ⬜

선생님이나 어른들께 도와 달라고 말한다. ⬜

해설 친구들에게 따돌림을 당할 때는 선생님이나 어른들께 도와 달라고 합니다.

5회 4주차 ①

사회

서로를
배려해요

사람은 혼자서 살 수 없기 때문에 함께 어울려 살아야 해요. 그래서 약속을 만들어 지키고, 서로 배려하며 살아가지요. 배려란 마음을 써서 다른 사람을 도와주고 보살펴 주는 것을 말해요. 사람들이 자기가 하고 싶은 대로만 행동하면 많은 사람들이 괴롭지만 서로를 배려하며 행동하면 모두 행복할 수 있어요. 특히 여럿이 지내는 학교에서는 서로 배려해야 사이좋게 지낼 수 있답니다.

배려
마음을 써서 다른 사람을 도와주고 보살펴 주는 것을 말해요.

TIP 배려를 하는 행동을 많은 사람들을 행복하게 합니다.

어휘 사람들이 자기가 하고 싶은 대로만 행동하면 많은 사람들이 괴롭지만 서로를 □□하면 모두 행복해져요.
배려

생활 속에서 배려하는 방법

문을 열고 닫을 때는 뒷 사람을 위해 문을 잡아 주어요.

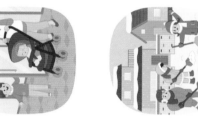
눈이 오면 길을 지나다니는 사람들을 위해 길가의 눈을 치워요.

지하철이나 버스에서 노인에게 임산부에게 자리를 양보해요.

화장실에 줄을 설 때 급한 사람이 있으면 먼저 양보해요.

◉ 다음 설명에 알맞은 말을 쓰세요.

마음을 써서 다른 사람을 도와주고 보살펴 주는 것을 말한다.

해설 배려란 마음을 써서 다른 사람을 도와주고 보살펴 주는 것을 말합니다.

배 려

◉ 배려하는 행동에 ○표를 하세요.

문을 열고 닫을 때는 뒷사람을 위 해 문을 잡아 준다. ○

눈이 오면 눈이 전혀지 길가의 눈 을 절대로 치우지 않는다. □

해설 눈이 오면 길가의 눈을 치우는 것이 다른 사람을 배려 하는 행동입니다.

◉ 알맞은 말에 ○표를 하세요.

화장실에 줄을 설 때 급한 사람에게 먼저 (모른 척 / 양보)하는 행동이다.

해설 화장실에 급한 사람에게 먼저 양보하는 것도 배려하 는 행동 중 하나입니다.

사회

5회 ②
4주차

우리는 한민족

북한 사람들도 김치를 먹을까요?

답은 "네." 예요. 북한에 사는 사람들도 우리처럼 김치를 먹고, 한복도 입어요. 또 생김새도 비슷하고, 같은 말과 글을 사용해요.

남한과 북한은 오랜 역사를 함께한 같은 한민족이에요. 지금은 오랜 기간 동안 자유롭게 오고 가지 못하고 있지만 통일을 위한 노력은 계속되고 있답니다.

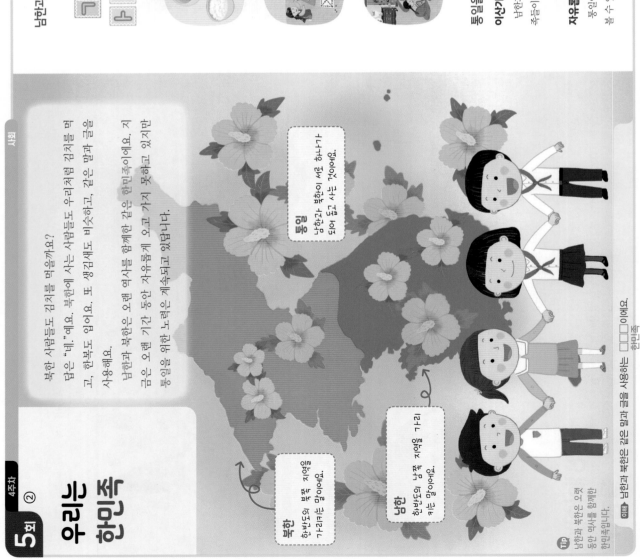

북한 한반도의 북쪽 지역을 가리키는 말이에요.

남한 한반도의 남쪽 지역을 가리키는 말이에요.

통일 남한과 북한이 서로 하나가 되어 함께 사는 것이에요.

TIP 남한과 북한은 오랫동안 역사를 함께한 한민족입니다.

예문 남한과 북한은 같은 말과 글을 사용하는 □□□이에요. 한민족

남한과 북한의 공통점

한글을 사용해요.

밥, 김치, 냉면 등 먹는 음식이 같아요.

씨름, 윷놀이와 같은 전통 놀이를 해요.

설날, 추석과 같은 명절을 지내요.

통일을 해야 하는 이유

이산가족들이 만날 수 있어요.

남한과 북한에서 오랜 시간 동안 떨어져 지냈던 이산가족들이 서로 만날 수 있어요.

자유롭게 오고 갈 수 있어요.

통일이 되면 한반도의 남쪽과 북쪽을 모두 자유롭게 가 볼 수 있어요.

◉ 다음 설명에 알맞은 낱말을 쓰세요.

남한과 북한이 서로 하나가 되어 함께 사는 것을 말한다.

통 일

해설 통일은 남한과 북한이 서로 하나가 되어 서로 돕고 사는 것입니다.

◉ 알맞은 내용에 ○표를 하세요.

남한과 북한은 둘 다 한글을 사용한다. ◉

씨름, 윷놀이와 같은 전통 놀이는 북한에서만 한다. □

해설 씨름, 윷놀이 등의 전통 놀이는 북한에서도 한다.

◉ 알맞은 말에 ○표를 하세요.

통일이 되면 남한과 북한에서 오랜 시간 동안 떨어져 지냈던 (다문화가족, 이산가족)이 서로 만날 수 있다.

해설 이산가족은 남한과 북한에서 각각 떨어져 사는 가족을 말합니다.

5 수를 읽고 쓰는 방법으로 알맞은 것은 무엇인가요? (②) 《수학》

① 칠백은 7000이라고 쓴다.
② 704는 칠백사라고 읽는다.
③ 삼백오십은 305라고 쓴다.
④ 205는 이백오십이라고 읽는다.
⑤ 2701은 이천칠십일이라고 읽는다.

해설 0이 있는 수를 읽고 쓰는 방법을 다시 한 번 살펴봅니다.

6 다음 중 삼각형을 모두 찾아 기호를 쓰세요. 《수학》

(㉮ , ㉰)

해설 삼각형은 3개의 곧은 선과 3개의 꼭짓점이 있는 모양이므로, 굽은 선이 있는 모양은 삼각형이 아닙니다.

7 다음 설명에 알맞은 말에 ○표를 하세요. 《사회》

버린 물건을 특별한 방법으로 손질하여 다른 물건으로 되살려 쓰는 것을 (재활용), 재사용)이라고 하고, 버린 물건을 손질하여 그대로 다시 쓰는 것을 (재활용, (재사용))이라고 한다.

해설 버린 물건을 다른 물건으로 되살리는 것은 재활용, 그대로 다시 쓰는 것은 재사용이라고 합니다.

8 재활용 쓰레기를 버리는 방법으로 알맞은 것에 모두 ○표를 하세요. 《사회》

(1) 종이는 폐지와 우유 팩을 따로 버린다.
(2) 비닐은 재활용하지 않고 모두 일반 쓰레기로 버린다.
(3) 플라스틱은 투명한 것과 색이 있는 것으로 나누어 버린다.

해설 비닐도 깨끗한 것만 재활용하고 더러운 비닐은 일반 쓰레기로 버립니다.

4주차
확인 문제

1 다음 설명에 알맞은 꽃은 무엇인가요? (⑤) 《사회》

• 스위스를 대표하는 꽃이다.
• 꽃잎이 별 모양이라서 '알프스의 별'이라고 불린다.

① 튤립 ② 수선화 ③ 수레국화 ④ 아이리스 ⑤ 에델바이스

해설 에델바이스는 스위스를 대표하는 꽃으로, '알프스의 별'이라고 불립니다.

2 다음 중 알맞은 내용에 모두 ○표를 하세요. 《사회》

(1) 튤립은 네덜란드를 대표하는 꽃이다.
(2) 프랑스를 대표하는 꽃은 아이리스이다.
(3) 수선화는 일본을 대표하는 꽃으로, 기본 좋은 향이 난다.

해설 수선화는 프랑스를 대표하는 꽃입니다.

3 나라와 수도를 알맞게 선으로 이으세요. 《사회》

영국 — 서울
대한민국 — 런던

해설 영국의 수도는 런던, 대한민국의 수도는 서울입니다.

4 다음 설명에 알맞은 말에 ○표를 하세요. 《수학》

100이 3, 10이 5, 1이 4인 수는 (354), 435)라고 쓰고, (삼백오십사), 사백삼십오)라
고 읽는다.

해설 세 자리 수를 바르게 쓰고 읽는 방법을 확인합니다.

4주차 | 확인 문제

▲ 정답과 해설 62쪽

13 배려를 하는 방법에 모두 ○표를 하세요. »
(1) 눈이 오면 집 앞의 눈을 치운다.
(2) 버스에서는 노인이나 임산부에게 자리를 양보한다.
(3) 문을 열고 닫을 때는 뒷사람을 위해 빨리 문을 닫는다.
해설 문을 열고 닫을 때는 뒷사람을 배려하여 문을 잡아 주어야 합니다.

14 다음 중 배려를 해야 하는 까닭을 두 가지 고르세요. (② , ④) »
① 나 혼자 편하게 살기 위해서이다.
② 사람들이 함께 어울려서 살기 위해서이다.
③ 자기가 하고 싶은 대로만 하며 살기 위해서이다.
④ 다른 사람들과 함께 모두 행복하기 위해서이다.
⑤ 다른 사람이 편하게 지내는 것을 방해하기 위해서이다.
해설 사람들은 함께 어울러 살기 때문에 서로 배려하면서 살아야 합니다.

15 다음 설명에 알맞은 말에 ○표를 하세요. »
우리나라가 통일을 위한 노력을 계속하는 까닭은 남한과 북한이 오랜 역사를 함께한
감은 (한민국 , 다문화)이기 때문이다.
해설 남한과 북한은 한 민족이기 때문에 통일을 위한 노력을 계속하고 있습니다.

4주차 | 확인 문제

9 재활용 쓰레기를 버리는 방법으로 알맞지 않은 것은 무엇인가요? (④) »
① 물로 깨끗이 씻는다.
② 내용물을 모두 비운다.
③ 상표나 뚜껑을 없앤다.
④ 더러워도 재활용 쓰레기로 버린다.
⑤ 종이, 플라스틱, 병 등을 종류별로 나눈다.
해설 재활용할 수 있는 쓰레기에도 더러우면 일반 쓰레기로 버립니다.

10 다음 설명에 알맞은 사람의 이름을 쓰세요. »
• 고려의 장군이다.
• 강물을 이용하여 거란군을 크게 이겼다.
(강감찬)
해설 강감찬 장군은 고려의 장군으로, 강물을 이용하여 거란군에게 크게 승리하였다.

11 거북선에 대한 설명에 모두 ○표를 하세요. »
(1) 이순신 장군이 전쟁에서 사용한 배이다.
(2) 배의 머리는 거북 모양이고, 배의 몸체는 용의 등 모양이다.
(3) 배의 몸체에는 뾰족한 송곳을 꽂아 적군의 공격에 대비하였다.
해설 거북선의 머리는 용 모양이고, 몸체는 거북의 등 모양입니다.

12 친구를 따돌리는 행동을 막는 방법을 바르게 말한 친구의 이름을 쓰세요. »
민주: 친구가 다른 친구를 따돌리면 그것은 나쁜 행동이라고 말할 거야.
도준: 한 친구가 따돌림을 당하고 있으면 나도 함께 그 친구를 따돌릴 거야.
(민주)
해설 누군가가 한 친구를 따돌리고 있을 때는 따돌리는 행동이 잘못되었다는 것을 알려 주어야 합니다.

▶ 정답과 해설 **63**쪽

4주차 정리 학습

사회 나라를 대표하는 꽃

툴립

아	이	리	스

무	궁	화

수학 삼각형과 사각형

삼	각	형

사	각	형

사회 세계의 수도 · 세계 지도 ·

서	울

런	던

도쿄

베이징

파리

뉴질랜드

사회 다시 쓰는 재활용과 재사용

재 활 용 을 해요.

재	사	용
을 해요.

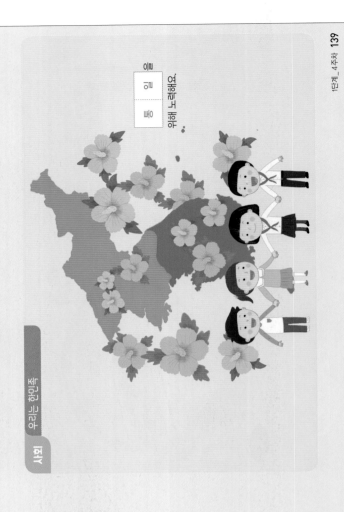

정답과 해설

배경지식이
문해력
이다

우리 아이 문해력 수준,
어느 정도일까?

초|등|부|터 EBS

내 문해력은 **4학년** 상위 몇 %일까?

문해력 등급 평가

등급으로 확인하는 진짜 문해력 수준

초등 1학년 ~ 중학 1학년
(학년별 3회분 평가 수록)

《 문해력 등급 평가 》

문해력 전 영역 수록

어휘, 쓰기, 독해부터
디지털독해까지 종합 평가

정확한 수준 확인

문해력 수준을 수능과
동일한 9등급제로 확인

평가 결과표 양식 제공

부족한 부분은 스스로 진단하고
친절한 해설로 보충 학습

 문해력 본학습 전에 수준을 진단하거나 본학습 후에 평가하는 용도로 활용해 보세요.